子どもの心理臨床 1-1

不安や強迫観念を抱く子どものために

マーゴット・サンダーランド 著
ニッキー・アームストロング 絵
関口進一郎 監訳 菊池由美 訳

誠信書房

Helping Children who are Anxious or Obsessional

by Margot Sunderland & Nicky Armstrong

Japanese translation rights arranged with
SPEECHMARK PUBLISHING LTD
through Owls Agency Inc.

はじめに

この本は、絵本『ゆらゆら君とまっすぐ君』の解説書です。

この絵本の物語から十分な治療効果を期待するために、この解説書がきわめて重要なものとなっています。あなたが子どもに絵本を読み聞かせる前に、この解説書を読んでおくことを強くお薦めします。そうすることで、あなたはより一層詳しい立場から子どもに近づき、子どもに寄り添ううえではるかに豊かな対応ができるようになることでしょう。

この解説書では、絵本のなかで語られる問題や結末について、一般的な心理学に由来するもの、もっとも適切な心理療法の理論などについて詳細に述べられています。もしあなたが子どもに物語を読み聞かせる前に読んでおけば、なぜ子どもが心配しているかについて、無知で閉ざされた観点からわが子に近づくのを防げるでしょう。たとえば、「ジョニーの学校の成績が悪化したのは、数ヵ月前に出て行ったお父さんを恋しがっているからに違いない」というのは、正しいこともあれば、間違っていることもあります。ジョニーの学校の成績の問題には、考慮されなかった別の理由がたくさんあるかもしれません。その問題は、多くの心理学的問題がそうであるように、かなり複雑なものかもしれません。援助する大人が、自分自身の感覚や世界観を投影してしまうという危険は、狭い閉ざされた見方から来ていることがあまりにも多いのです。

子どもにわざと残酷な態度で接する親は、めったにいません。親としてうまく振る舞えないのは、子どもの心理や発達の重要な側面についての知識が欠けているため、という場合が多いのです。また、親自身の成育に問題がある場合もあるでしょう。児童心理学や心理療法、科学の研究によって、子育てをするうえで効果的な知識がずいぶん明らかになってきました。それにひきかえ、子育ての本やテレビ、マスコミなどを通じて、親に伝わっている知識の量は、悲劇的なほど少ないのです。ですから、この本は親の責任を追及するものではなく、むしろ、親を応援したいと考えています。より広い見方をすれば、この本の目的は、子どもの面倒を見る人すべての意識の向上をはかり、どれだけ良かれと思ってしたことでも、害となる場合があることに気づいてもらい、物事がうまく運ぶように支援する方法や、うまくいかなかったときでも、事態を改善させるやり方を学んでもらうことにあります。

この本には、絵本で取り上げられた問題に子どもがどのように対処してきたか、遊戯療法の最中に子ども自身が語った言葉や彼らが演じた物語が収められています。『ゆらゆら君とまっすぐ君』を子どもに読んであげてから親が子どもにかけてあげる言葉、してあげるべきことをアドバイスし、アイデアを提供する項目もあります。こうしたアドバイスやアイデアは、絵本のお話に見られる問題点について子ども自身が考え、表現し、自分の感情を掘り下げる助けとなるように考えられています。子ども自身にお話を作らせることで、自分の感情をもっと口に出せるよう促すよう設定された課題もあります。

子どもにとって、普通の言葉を使って自分の感情をありのままに表現するのは容易なことではありません。しかし、信頼する大人と一緒にいることで、子どもは自分の感情を表現し、それを絵に描いてみたり、行動に表わしたりすることができるのです。ですから、この本で提案した課題の多くは、子どもの創造性に訴える、想像力に富んだ楽しい方法で自分を表現する手助けとなるでしょう。そこでは、子どもはうまく返事ができないような質問や、感情を問いただす質問をするのを防ぐため、空欄に印を付けたり、何かをして見せるように頼んだり、あらかじめ用意した単語や絵から選ぶだけですむ項目など、子どもに気軽に試してもらえる課題を多数、用意しています。

絵本の物語について

小さな男の子「ゆらゆら君」は、いつも不安でいっぱいです。彼の世界はいつも非常に危険でゆらゆらと不安定であり、いつなんどき、どんな困ったことが起きるかわかりません。それに対して、となりの家の少年「まっすぐ君」は、あまりにもきちんとしすぎていて、リラックスして人生を楽しむことができません。「ゆらゆら君」は安定した秩序にあこがれ、「まっすぐ君」は「ゆらゆら」した不安定なものにあこがれています。ふたりとも、人生とは自分が体験しているような形でしか存在していないと考え、それに順応したほうがいいと思っています。

けれども、郵便局の「のっそりさん」は、自分の気持ちをがまんする必要はないと、ふたりにアドバイスをしてあげました。そして、公園の大きな赤いタンクのうしろに住んでいる、「水《みず》たまり人《びと》」をたずねていくよう勧めます。「ゆらゆら君」と「まっすぐ君」は、期待をふくらませて、一緒に出かけました。そして見つけた「水《みず》たまり人《びと》」は、決まりきったパターンを壊して、もっともっと豊かに世界を楽しむ手伝いをしてくれたのです。

絵本の物語がいちばん伝えたい心理学的なメッセージ

☆　自分らしくあることが不安定であると、世の中で体験することも不安定になってしまう。
☆　自分らしくあることが苦しかったり、制限されていたりすると、世界のなかに存在することもまた、同じように感じてしまう。
☆　手助けがあれば、「狭い生活」から抜け出して、世界のなかでのびのびと生きることができる。
☆　今の生き方しか選択できないというわけではない。好ましくない生き方から抜け出すことができないというのは誤りだ。変えることは可能である。
☆　人とふれ合う経験は、あなたが夢にも思わないほど、自分の生き方を広げてくれる。
☆　ついつい人は、ある生き方を始めると、それしか存在しないと感じてしまいがちだ。

この本は、次のような子どものために書かれています

「ゆらゆら君」のようなタイプ

☆ 不安定な子ども
☆ 内面に強い不安を抱えた子ども
☆ 不安を感じたまま多くの時間を過ごしている子ども
☆ 心配しすぎる子ども
☆ 病的な恐怖（恐怖症）や悪夢に苦しむ子ども
☆ 冷静になれない子ども
☆ 集中するのが難しいと感じている子ども
☆ 混乱した世界で、不安定になっている子ども
☆ 心の傷に苦しむ子ども

「まっすぐ君」のようなタイプ

☆ 退屈を感じている子ども
☆ 他から見て心配なほど「いい子」にしている子ども
☆ 内面があまりに折り目正しく整理されすぎている子ども
☆ 空想の世界に住んでいる子ども
☆ 秩序や決まりを使って、いやな感情を処理する子ども
☆ 世界のなかでなんとか生きていくために、退屈のなかに引きこもろうとする子ども
☆ 生活を生き生きと味わうことを恐れる子ども
☆ 強すぎる感情を退けるため、強迫的な行動に出る子ども

☆　「小さな大人」のように見える子ども

☆　思い切り楽しむことが苦手な子ども

最初に、「ゆらゆら君」のようなタイプの子どもの理解と対処の仕方を扱い、次に、「まっすぐ君」のようなタイプの子どもの理解と対処の仕方を扱っていきます。

目次

第3章 『ゆらゆら君とまっすぐ君』を子どもに読み聞かせた後に 51

謝　辞

絵本、『ゆらゆら君とまっすぐ君』『へっちゃら君』『ふわふわころりんのプーミン（と、えっへん3兄弟）』『お月さまにっこりを待ちこがれたカエル君』『お豆のニューピー』のために下絵を描いてくれた、七歳のマッタン・レダーマンに感謝します。

彼のアイデアはイラストレーターによって、本書のなかで活かされています。

本書を執筆し編集していくなかで、卓越した技術と厳密さを発揮してくれた、キャサリン・ピアポント、シャルロット・エメット、ルース・ボナーに感謝します。

子どもたち、研修生、スーパーバイザーなど、これまで私と共に歩んでくれた方々に心から感謝します。彼らの詩や映像を手がける才能、そして勇気が、私の仕事と人生の両方を実り豊かなものにしてくれました。

第1章

内面に強い不安を抱えた子どもの生活
――「ゆらゆら君」の場合

目眩《くる》めく　いのちの旅路は
　熱く騒がしい　迷路さながら
けれど安らぎこそ　きみのあこがれ
　その安らぎに　きみは今ひたる

——マシュー・アーノルド『鎮魂歌』村松眞一訳

子どもの内面の不安は、恐怖症、心身症、強迫的な儀式的行為、夜尿、悪夢など、さまざまな不安症状という形をとって現われます。不安を抱えた子どもは集中するのが苦手です。内面が不安定なため、いつも落ち着きがないように見えます。内面の世界の不安定な感情は、外の世界に対する子どもの注意力をやすやすと奪ってしまうのです。不安が強すぎるため、世界を開拓したり冒険心をもつこともできず、なじみのある親や家にすがりつく子どももいます。また、不安が強すぎて、自分の強い感情を処理することができずに、暴言を吐いたり暴れたりすることもあります。

わたしは混沌とした感情に圧倒され、派手な騒ぎでそれを発散した。

（リトル、一九九〇）

なかには、自分が誰であるかわからないために不安を感じている子どももいます。そんな子どもたちの自己意識は非常にもろいものです。トマスという十歳の少年はこう言いました。「〈ぼく〉っていう子はいないんだ。だから、何もかもごちゃごちゃに思える」。トマスは、時間の流れのなかで自分自身の同一性をほとんど感じられないと訴え、「自分が、昨日のトマス、先週のトマスと同じだとはちっとも思えない」と言いました。こういった子どもは、自制心を失ってしまうことがあります。中心に組織化する自己をもっていないため、安定を得ることができず、特にストレスのたまる状況で取り乱してしまいます。自分が誰であるかを知らない子どもは、自分の感情を理解していない場合も多いのです。また、そんな子どもは、自分の周囲の人びとの感情にも無防備になってしまいます。たとえば、十二歳のポリーは、自分が誰かということをしっかりと感じとることができませんでした。つまり、中心核となる、組織化する自己をもたなかったのです。だからポリーは、テレビを見るたびに、その後しばらくは、番組の登場人物のように振る舞いました。カウボーイ映画を見れば活動的になり、ラブストーリーのあとは優しくなり、コメディのあとは陽気で快活になりました。もちろん、自分が誰であるか、自分が何を感じているかがわからないというのは、非常に不安定なことです。不安定な子どもは、とてもだらしなくなることがあります。内面の、混乱した不安定な感情を、外に反映させる必要があるためです。そんな子どもは、散らかった環境にいるとくつろげるのです。それは内面の感情を映す鏡のようなものです。不安定な子どもは、頭が混乱することもあります。いろいろな思いや堂々巡りの思考、さまざまな「声」が頭の中をぐるぐる回り続けるからです。これらは「心の騒音」と呼ばれ、ラジオの雑音のように、感情や思考の明快な認知を妨げます。子どもは疲れて集中できなくなります。

心配や不安を抱えた子どもと一緒にいるのがつらいという人もいます。子どもの不安定さをすべて感じとってしまうからです。子どもの不安のエネルギーが、あまりにも強力に雰囲気を支配してしまいます（**図1**）。したがって、不安定な子どもは、助けを得られないまま、避けられてしまいがちです。シーガル（一九八五）の言葉の通り、「内面であまりに混乱を感じているため、周囲の人間すべてにも、その混乱を感じさせざるを得ないように見える」のです。ひどく不安定で、強い不安を抱えて生きている子どもは「自分のなかにある混乱は、誰にも対処できないだろう。だから自分ひとりでなんとかしたほうがいい」と信じてしまいがちです。時にこれが、投影

図1
「ゆらゆら君」の周囲

となるのです。子ども自身が、自分の強すぎる感情、溢れる感情の混乱に対処できず、他人もそんな自分に対応できないだろうと思ってしまうのです。

特に不安定な感情

> ある日、心配屋《ミスター・ウォリー》さんは散歩に出かけました。遠くへ行きすぎて、家にもどってこられないのが心配でしたが、同時に、たっぷり歩かなければ運動にならないのではないかと心配でした。心配屋さんは、心配しながら急ぎました。急ぎながら心配していた、とも言えるでしょう。
> （ハーグリーブス、一九七八）

内面の不安定な多くの子どもは、世界がとても不安に満ちた場所だと感じています。なんでも心配する子どももいます。家のことも心配だし、学校のことも心配、友達が離れていくのも心配だし、病気になることも、死んでしまうことも心配なのです。つまり、このような子どもには、心が休まるときがありません。

自分の価値に不安を抱いている子どももいます。「ママはぼくを愛しているの?」「ママはぼくを置いていってしまうだろうか」「試験に失敗したら、もうママは愛してくれなくなるだろうか」などなど。「ママとパパは離婚する?」とか、「ママは死んでしまうかも?」といった心配をしている子どももいます。ある少年は、夜、胸焼け《ハートバーン》がするという父親の言葉を聞くと、次の日の図工の授業中に、長い時間をかけて、自分で作った「心臓《ハート》」を治そうとしました。けれどもその心臓は壊れつづけました。教師は、見るのもつらかったと言いました。

母親が病気だったり、事故に遭ったりしたせいで、「ママが壊れること」を心配している子どももいます。ある少女の母親は、喧嘩で前歯を二本失いました。すると少女は、その後何週間にもわたって、口と歯の絵を描きつづけました。カウンセラーが少女に手を貸して、母親が壊れてしまうという悲しみと不安を消化させてやるまで、その作業はつづきました。

心配や不安は、恐怖に対する防衛であることがよくあります。フロイトは、一九二三年にそのことを認め、「不安はわれわれを恐怖から守る」と書いています。不安は、愛や憎しみ、怒りや欲望などの強い感情に対する防衛ともなります。子どもは、これらの強い感情を危険なものとみなします。これについては、後でふれましょう。

> 私の心はまるで母親の手におえないほど大きくなったわがままな子供のよう。
> （シェイクスピア『トロイラスとクレシダ』小田島雄志訳、白水社）

「ゆらゆら君」のような子どもが、なぜそんなに不安定なのかを理解する

自分の周りに、慰めになってくれるような落ち着いた大人が見つからないとき、子どもは不安を抱く

赤ちゃんはじゅうぶんに安心し、落ち着かせてもらえないと、非常に不安定な自己を抱えるようになります。それは赤ちゃんが、極度に過敏な状態で生まれてくるからです。肉体的に弱いだけでなく、精神的にも非常にもろいのです。赤ちゃんの自己は、まだ統合されていません。研究によれば、生後一週間で、気持ちを鎮める効果をもつ化学物質（エンドルフィン）はなくなってしまい、赤ちゃんのストレスホルモン（コルチゾール）の値は、正常値をはるかに超える、といいます。赤ちゃんは強いストレスを受けている状態です。それはまるで、「助けて！　助けて！」と叫んでいるようなものなのです。

フロイトの言葉によると、赤ちゃんは「じゅうぶん完成しないまま」この世に生まれてきます。体だけでなく、脳や中枢神経系もまだ発達途上にあるのです。最初の数週間、赤ちゃんの視界はとてもぼやけています。概して、自己はまだ統合されず、簡単に平静を失ってばらばらになってしまいます。赤ちゃんのおむつがえや、お風呂、着替えの様子を考えてみましょう。赤ちゃんが必死に泣き叫ぶのは、赤ちゃんの敏感さに親が気づいていないせいであることが多いのです。そういった行為はどれも、非常に気を配りながら、ゆっくりと静かに行われなければなりません。さもなければ、赤ちゃんは簡単にばらばらになってしまいます。さらには、赤ちゃんの世界というのは感情と知覚、エネルギーで成立しています。赤ちゃんにはまだ、自分の経験を思考によって理解したり、体系づけたりする能力がありません。したがって、強い感情によってたやすく圧倒されてしまいがちなのです。自分ではどうしても対処できないのですから、赤ちゃんには手助けが必要です。赤ちゃんはときどき、強い欲求や怒りや不満、絶望によって興奮状態におちいります。そんなとき赤ちゃんには、落ち着かせてくれる「水」が必要になります。親の膝に優しく乗せてもらったり、抱っこしてもらったりして、慰めてもらわければならないのです。

静けさ

わたしはあなたに吹きつける猛吹雪
あなたにめがけて、あなたの全身にめがけて
愛や暴風をまきちらす
そしてあなたは
そこにじっとしている
あなたという池
静かな池
まるでわたしを
そこに連れていってくれるようだ

――マーゴット・サンダーランド

こんなことを言う人たちがいます。「赤ちゃんが眠るまで、泣かせておきなさい」「いつも抱っこしていると、子どもをダメにしてしまいますよ。泣くたびにすぐに抱っこしていては、抱きぐせがついてしまいます」「あなたと一緒のベッドに赤ちゃんを寝かせていると、依存しやすい子どもになります。自分で災いの種を蒔《ま》くようなものですよ」「赤ちゃんは、泣くことで親を意のままに動かそうとしているだけですよ」。しかし、事実はこうです。胎児は、外の世界のことを何も知りません。むしろ、胎児は母親の一部です。精神分析家、マイケル・バリント（一九五五）の言う通り、「相互に浸透し混ざり合って」母親と一体化しているのです。幸運な赤ちゃんは、母親に温かく包まれ、心も精神も支えられていると感じていた子宮とはまったく異なる世界に生まれ出たときにも、比喩的に言って、支えを失って落ちるという感覚を味わうことはありません。

しかし、多くの不幸な赤ちゃんは、子宮と外の世界とをしっかりと連結させる必要性を、親が十分に理解していないせいで、温かく支えてくれる安全な子宮から出て、恐ろしい孤独と寄る辺ない不安な思いを味わうことになるのです。抱っこされることも触れられることも、あやされることもなく、長い間放っておかれた赤ちゃんは、激しく泣き叫びます。落ち着いた誰かの体と密着するような、温かくて安全な世界を取り戻そうと必死な様子がうかがえます。この泣き声は、激しく抗議し、強く警告を与える、生き延びるための叫びとなります。赤ちゃんの泣き声の性質は、その響きからわかります。

赤ちゃんは時間の概念をもちませんから、親が数分間離れただけでも、永久に去っていったかのような恐怖を覚えるのです。たとえば、赤ちゃんが母親と一緒に、親密な時間を過ごしているとします。けれども、急に玄関のチャイムが鳴り、母親はそれに応えるために席をたちます。赤ちゃんには、呼び鈴が鳴ったことと、母親が姿を消したことを関連づけることはできません。母親の姿が消え、永久に去ってしまったのではないかと思うのです。フロイト（一九二六）が述べるように、赤ちゃんは「まだ、一時的な不在と永久的な喪失との区別がつかない。母親の姿が見えなくなると、すぐに、二度と会えないかのような行動に出る」のです。

では、もし赤ちゃんが自分の強すぎる感情でいっぱいになっているときに、母親の感情もまた、強すぎたり、いらだっていたり、厳しかったりしたらどうなるでしょうか。そんな場合は、赤ちゃんは非常に恐ろしい世界に生きることになります。なぜなら多くの点で、赤ちゃんは胎児と同様に、まだ母親の体の一部だからです。赤ちゃんは母親の情緒的なエネルギーや感情の質、動作の強さや切迫さ、雰囲気に対して非常に敏感です。母子研究で有名なダニエル・スターン（一九八五）は、赤ちゃんの非常に敏感なこのエネルギー状態と動作の質感を、「生気情動」と呼びました。

こういったわかりにくい性質は、「わきあがる」「だんだん消える」「はかない」「爆発的な」「しだいに強くなる」「しだいに弱くなる」「張り裂ける」「長引く」といった言葉を使ったほうがうまく表現することができる。乳児は他人の行動だけでなく、自分の内部でそれらを経験するのだ。さまざまな生命感（生気情動）は、親の多くの行動で表現される。母親がどのように赤ちゃんを抱き上げ、おむつをたたみ、自分や赤ちゃんの髪を整え、哺乳瓶に手を伸ばし、ブラウスのボタンをはずすか。乳児はそれらの感覚にたっぷりと浸るのだ。

（スターン、一九八五）

もし、母親のエネルギーが穏やかなものであれば、それは赤ちゃんの穏やかなエネルギーになるでしょう。赤ちゃんはそれによって深く慰められ、平安に満ちた、至福の状態にまで達することもあります。母親のエネルギーは、赤ちゃんのなかの制御しがたい緊張状態をほぐしてくれるでしょう。しかし、もし母親のエネルギーが穏やかでなく、不安や混乱、緊張をはらんでいたならば、赤ちゃんは激しく動揺します。赤ちゃんの、まだ防衛されていない小さな体や心は、母親の情動エネルギーに動揺させられ、母親自身よりもさらに激しい状態になってしまうこともしばしばです。時には、母親の残酷なまでの強烈さに消耗し、圧倒されてしまいます。たとえば、海で泳ぐとき、ある意味で、自分の体は水と一体化し、その一部分となっていると言えます。そこに強い波がやってきて、水のなかへ引きずりこまれてしまうところを想像してみてください。ちょうど、そんな状態に似ています（**図2**、**図3**）。

赤ちゃんが不安を抱えた子どもに育たないようにするためには、子宮の穏やかな水中世界と似た、調和のとれた環境が必要です。子宮から外の世界への移行は、とても注意深く、そっと行われなければなりません。子宮に浸った水中生物が切り離され、乾いた陸上へあがるわけです。母親や周囲の大人に、急激なショックや不調和な激しさ、硬さや鋭さを感じることがあってはならないのです。

同様に、子どもが心配を抱えて不安定に育たないようにするためには、精神的に十分に強くて穏やかな人に慰めてもらう経験を何度も積む必要があります。不安な心や身体を、その大人の穏やかさや平静さに溶け込ませて、その穏やかさと平静さを自分のものにする必要があるのです。十分な安らぎを備えた大人によって、何度も繰り返したっぷりと慰めを受ける、至福の経験が必要になります。

> ☞　彼女らは自信と安心感を赤ちゃんに与える。彼女らの落ち着いた声や、抱っこのときのリラックスした体とのふれ合いを通じて、赤ちゃんは不安な自己をその平安のなかに溶け込ませることができるのだ。そういった自信と安心感は、人生を送る際に味わう穏やかさとして保持されていくだろう。
>
> （コフート&ウルフ、一九七八）

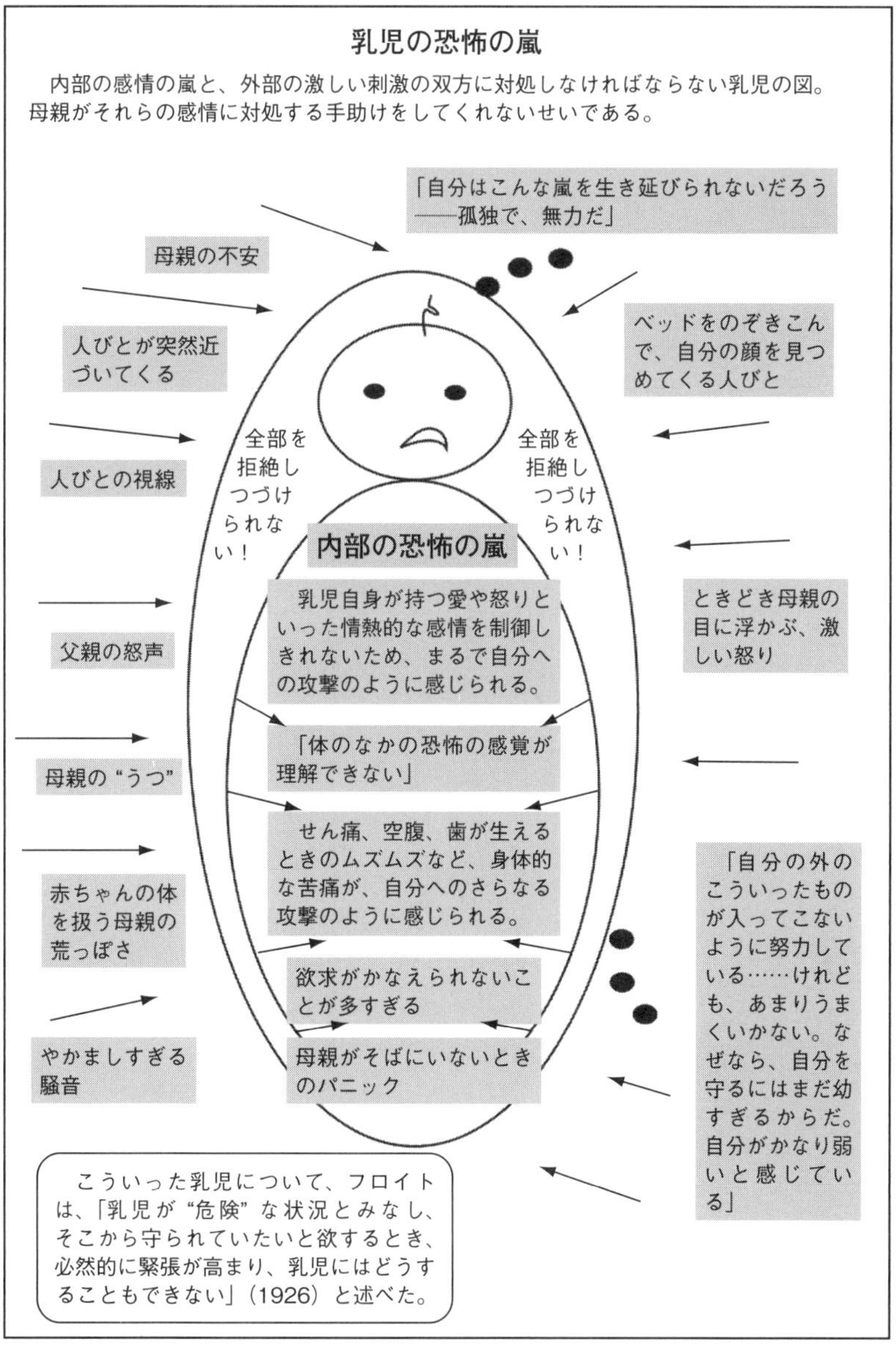

乳児の恐怖の嵐
内部の感情の嵐と、外部の激しい刺激の双方に対処しなければならない乳児の図。母親がそれらの感情に対処する手助けをしてくれないせいである。
「自分はこんな嵐を生き延びられないだろう——孤独で、無力だ」
母親の不安
人びとが突然近づいてくる
ベッドをのぞきこんで、自分の顔を見つめてくる人びと
人びとの視線
全部を拒絶しつづけられない！
全部を拒絶しつづけられない！
内部の恐怖の嵐
乳児自身が持つ愛や怒りといった情熱的な感情を制御しきれないため、まるで自分への攻撃のように感じられる。
ときどき母親の目に浮かぶ、激しい怒り
父親の怒声
「体のなかの恐怖の感覚が理解できない」
母親の“うつ”
せん痛、空腹、歯が生えるときのムズムズなど、身体的な苦痛が、自分へのさらなる攻撃のように感じられる。
「自分の外のこういったものが入ってこないように努力している……けれども、あまりうまくいかない。なぜなら、自分を守るにはまだ幼すぎるからだ。自分がかなり弱いと感じている」
赤ちゃんの体を扱う母親の荒っぽさ
欲求がかなえられないことが多すぎる
やかましすぎる騒音
母親がそばにいないときのパニック
こういった乳児について、フロイトは、「乳児が“危険”な状況とみなし、そこから守られていたいと欲するとき、必然的に緊張が高まり、乳児にはどうすることもできない」（1926）と述べた。

図2
乳児の恐怖の嵐

母親のなかに真の穏やかさを見出せなかった子どもは、自分のなかに平穏を自然に見出せず、内面の平安をじかに感じることができません。母親に慰められ、抱かれて落ち着かせてもらい、情緒的な意味で「しっかり抱きしめられた」、という感覚を味わったことのない子どもや、母親との一体感を味わったことがなく、その力や穏やかさの一部であると感じたことがない子どもも同様です。実際、大人に慰めてもらうという経験を何度も重ねた子どもは、長続きする強い安心感という、力強い印象を抱き、脳内の化学物質のバランスは、影響を一生受けつづけます。それを証明する、神経生物学的な証拠はたくさんあります。（ショア、一九九四／シーゲル、一九九九／パンクセップ、一九九八）

時どき、そんなふうにしっかりと親に「抱きしめて」もらったことのない「不安定な子ども」は、自分を「抱きしめて」くれそうな物や儀式的行動にひきつけられることがあります。たとえば、ロバートという非常に不安定な少年は、毎日、ドアのそばの同じ席に座り、黒板消しを握《にぎ》ることができたときにだけ、安心すると言いました。

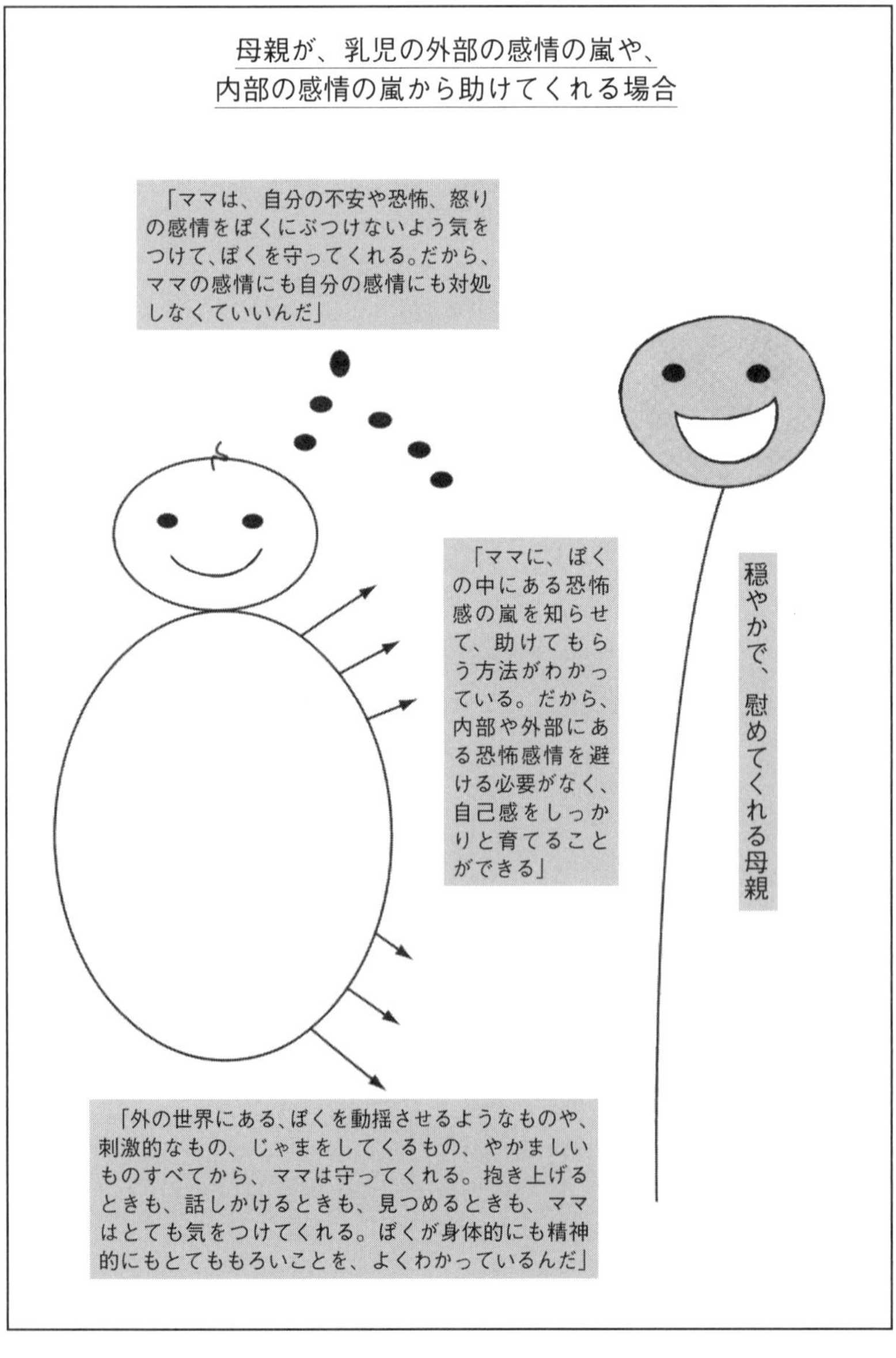
母親が、乳児の外部の感情の嵐や、
内部の感情の嵐から助けてくれる場合
「ママは、自分の不安や恐怖、怒りの感情をぼくにぶつけないよう気をつけて、ぼくを守ってくれる。だから、ママの感情にも自分の感情にも対処しなくていいんだ」
「ママに、ぼくの中にある恐怖感の嵐を知らせて、助けてもらう方法がわかっている。だから、内部や外部にある恐怖感情を避ける必要がなく、自己感をしっかりと育てることができる」
穏やかで、慰めてくれる母親
「外の世界にある、ぼくを動揺させるようなものや、刺激的なもの、じゃまをしてくるもの、やかましいものすべてから、ママは守ってくれる。抱き上げるときも、話しかけるときも、見つめるときも、ママはとても気をつけてくれる。ぼくが身体的にも精神的にもとてももろいことを、よくわかっているんだ」

図3
母親が、乳児の内部感情や外部刺激による嵐から助けてくれる場合

> ☞ 赤ちゃんは母親に抱っこしてもらえないときにすがりつく行動のひとつとして、光や音のような絶え間ない感覚刺激に集中する。ボートに乗って嵐に遭った者が水平線に目を凝らすように、ベンにとっては生後数ヵ月のあいだ、ものが静かに動かないでいることが重要だったのだと思う。
> （グルックスマン、一九八七）

次に挙げるのは、非常に不安定な少年が、家庭環境からは十分な慰めを得られなかったけれど、学校で慰めを得ることができた例です。

ジョージ　六歳

ジョージは、非常に不安定で、心配性の子どもだった。注意欠陥／多動性障害（AD／HD）と診断されていて、教室から教室へ突進しては、床に体を投げ出し、「ワァー！　ぼくだよー！」と叫ぶのだ。もちろん授業は妨害され、ジョージは罰を受けた。長いこと、ジョージは自分のコミュニケーションを理解してもらえなかった。誰も、「君は何を伝えようとしているんだい」と聞いてくれなかった。ジョージの母親は、うつ状態だった。ジョージはイタズラをすることでしか、母親の関心を引くことができなかったのだ。

幸運にも、ある日学校で、ジョージはベティというきれいで優しい女性に会った。ベティは、ジョージがどんどん興奮していく姿を見ると、彼を抱きあげ、膝に乗せた。ジョージは毎日ベティのところへ行って、抱っこしてもらうようになった。そうしないと落ち着かないのだ。「ぼくを見て！　ぼくを見て！」という必死の訴えがこめられた、度を越した行動は止まった。ジョージはベティに十分に見守られていると感じ、しっかりと慰められたからだ。

親が不安定なために、不安定になった子ども

不安の強すぎる親や、予想しがたい気分の変化を起こす親との緊張した交流が多すぎる子どもは、世界（少なくともその一部分）が、不安を起こさせる場所であり、人生は基本的に危険なものだとみなす

ようになります（そういった不安に満ちた交流を相殺し、薄めてくれるような、穏やかな親のような存在がいない場合、その傾向は特に顕著です）。言い換えれば、そういった子どもは、世界を、不安を抱えた親とおなじようなものとみなすのです。そこには、安定し、落ち着いたものはなにもありません。いつなんどき、何が起きるかわからないのです。たとえて言えば、砂や砕けたガラスの上のような場所であり、いつも警戒しなければならないのです。

強い不安を抱えた親をもつ子どもは、世界は恐ろしい、危険な場所だという不吉なメッセージ（言葉による場合も、そうでない場合もあります）を親から受け取り、自分も世界を色眼鏡で見る可能性が高くなります。次に挙げるのは、神経過敏な親が子どもに伝える、「臆病な」考えの一般例です。

☆　もしも悪いことをしたり失敗したりすると、恐ろしいことになる。だから完璧でいなければならない。
☆　気を抜いてはならない。物事がうまくいかなくなるのは、たいていそんなときだ。
☆　後悔するくらいなら用心したほうがましだ。
☆　危険を冒せば、困ったことになるだけだ。
☆　安全・お金・配偶者・家・仕事などをもたないのは恐ろしいことだ。だからなんとしてもそれらにしがみつこう。

実際、研究によれば、子どもというのは自分の親とまったく同じ恐れや恐怖症を抱えていることが多いのです。時には、もっと極端な形をとることもあります。

✍ 二歳から六歳の就学前児七十人とその母親を対象とする研究において、ハーグマン（一九三二）は、イヌを恐れる子どもとイヌを恐れる母親との間に、また、昆虫を恐れる子どもと昆虫を恐れる母親との間に、相関関係があることを見出している。さらに、雷雨を恐れる子どもと雷雨を恐れる母親との間にも弱い相関関係がある。
（ボウルビィ、一九七三）

親が、自分の子どもそのものに対して、神経症的な不安を感じることもあります（ここでは、よくある非常に自然な親の心配ではなく、心を支配する強い不安状態について述べています）。一般的に見られるものとしては、子どもが死んだり、ひどいけがをしたりするのではないかという恐怖です。親のそういった恐怖心の対象となった子どもは（たとえ親がそれを口に出さなくとも）、世界を非常に恐ろしくて危険な場所とみなし、いつなんどき恐ろしいことが起きるかもしれないと感じるようになることがあります。バリント（一九九三）は、このことを大変的確に述べています。「元気な子どもではなく、簡単に死んでしまう恐ろしいものとみなされた子どもは、自分が生きる世界や母親を、恐怖に満ちたものとして経験した」。

親が不安定であると感じた子どもは、何もかもが不安定だと感じることがあります。親は、子どもが世界で生きていくための安全なよりどころです。両親が不安定だと、世界のすべてが不安定なものに思えてくるのです。

テリー　七歳

テリーは非常に不安がる子どもだった。彼の母親は、優しくて感情豊かな日もあったが、次の日には自分の心配や恐怖で頭がいっぱいになり、テリーのことを気にもかけないことがあった。一日やそこらは優しいママでいてくれるのだが、次の日には、冷たくよそよそしいママになってしまうのだ。母親の気分が変わりやすかったため、テリーには、自分の周りの世界も変わりやすいもののように感じられた。母親の愛は、あまりにも不安定で、あぶなっかしく、今にも消えてしまうかもしれないものに思われた。母親は、「テリーにまとわりつかれて困っちゃう。なんでちゃんと大きくなってくれないのかしら」と文句を言った。

問題は、親が自分の不安でいっぱいになってしまうと、子どもの不安を手助けする余裕がなくなることです。そのため、子どもは放っておかれることになります。フロイト（一九二六）が述べているとおり、「その子どもは、外から、あるいはなかから自分に与えられる大量の刺激を精神的に抑制する用意を備えていない」のです。したがって、慰め、落ち着かせてくれる母親の助けがなければ、子どもは、自分自身の制御しがたい強すぎる感情とひとりで戦わなければなりません。そこから不安という症状が生じます。さらには、不安を抱えた、あるいは愛情を求めている親は、子どもに大きな要求（言葉によるもの、ないしは言葉によらないもの）を強いることがあります。そういった子どもは、自分自身の感情を守るため、不安を抱えた母親を慰める方法を覚えることがあるからです。したがって、子ども自身の感情は、より深く押しこめられていきます。けれども、それは決してうまくいかず、押しこめられた感情は、あらゆる精神的・身体的症状となってもれ出てしまうのです。

サリー　六歳

サリーの両親は非常に大きな不安を抱えていた。サリーにとって学校は不安をかきたてられる場所であり、そこでは、混乱したり、打ちのめされたりすることが多かった。ある日学校で、サリーの先生がこう言った。「なにか生活に関わることを描いてみましょう」。サリーは「お茶」の絵を描いた（**図4**）。先生は、その絵はふざけていると思った。だが実際には、サリーの絵は六歳の子どもにしては深い知覚を示していた。サリーはそのとき、自分の生活の本質をこれ以上簡潔に表現することはできなかっただろう。彼女の「お茶」の絵は、心配や不安定さや落ち込みを感じていない、特別な時間を表わしている。一日の最後に、父親は「お茶を飲もうじゃないか」とよく言うのだった。お茶の時間は、安全で明快な場所のように感じられた。よく知っている、確かで安全なおなじみの場所だ。しかし、サリーの絵で「お茶のオアシス」をとりかこんでいるのは、なぐり描きである。それはサリーが家庭で常に感じている（そこに悪意はないにせよ）圧倒的な混乱である。サリーの気持ちや感情的に必要とするものの助けに、お茶の時間もなってはくれないのだ。

> 人には、おそらくそれぞれの限界があり、それを超えると、精神器官は、処理すべき刺激の量を制御する機能を失う
> （フロイト、一九二六）

子どもの内部感情を不安定にするような親の振る舞いをまとめてみると、次のようになります。

- ☆　過剰な不安
- ☆　依存的
- ☆　うつ
- ☆　予想不可能なこと
- ☆　過保護
- ☆　恥をかかせる
- ☆　怒り
- ☆　感情的にもろい
- ☆　放心状態
- ☆　愛情を強く求める
- ☆　威《い》嚇《かく》的
- ☆　要求が多い
- ☆　動揺

さらに、次のようなものがあります。

☆　不安な子どもは、不安や怒り、落ち込みなどの未解決な感情でいっぱいになった親と、つらく、困難な交流をとてもたくさん重ねている場合がある。子どもはそこで、自分自身の感情を処理するだけでなく、親が抱いているむきだしの（そしてしばしば子どもじみた）強い感情に対処することになる。その結果、子どもは、とてつもなく恐ろしく、混乱した、あるいはもろい、「ママの世界」や「パパの世界」に立ち向かうことになる。

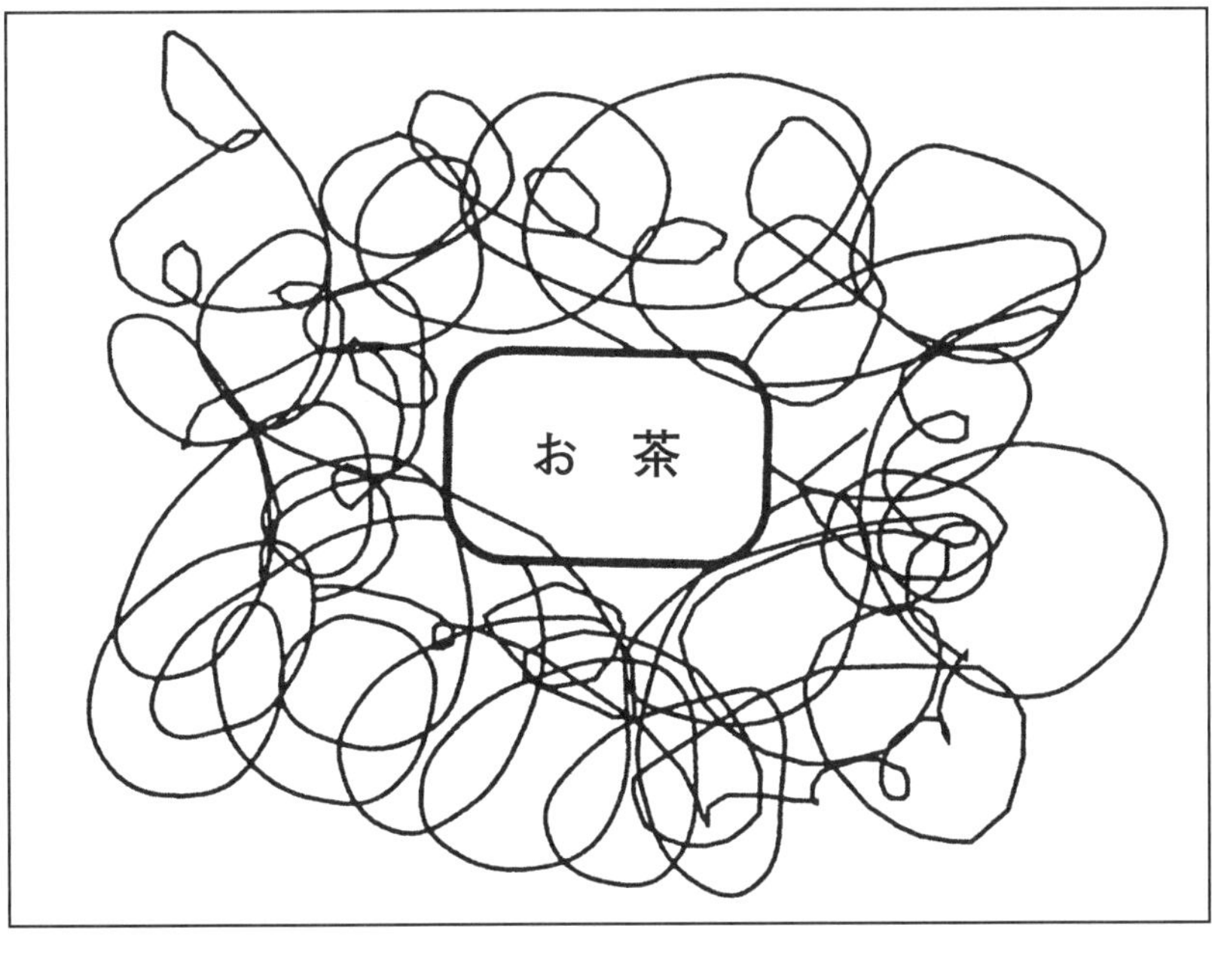

図4
サリーの「お茶」の絵

☆　子どもが感情を制御するための脳内神経回路の形成過程（〇歳〜三歳）にあるときに（ショア、一九九四）、こうしたつらく困難な交流が起こると、精神生化学的に強い影響を被《こうむ》ることがある。その時期にストレスホルモン（コルチゾール）が過剰に放出され、感情を鎮める働きのある天然の麻酔物質が十分に放出されないと、不安と動揺を抱えた子どもに育ってしまう。

☆　母親が愛してくれているかどうかに確信がもてないため、不安定になる子どももいる。「愛は世界を安全な場所にしてくれる。それは、隠れる必要がないということだ。どこでも、誰とでも一緒に遊べる。家でも、地上でも、自分の内部でも」（ハーマン、一九八八）。

これに対して、子どもに安心感、安定感を与えるような親の振る舞いをここでまとめてみましょう。

☆　「われわれはみな、ゆりかごから墓場まで、愛着をもつ人物が提供してくれる安全な場所から出かける一連の旅行（長いのも、短いのもある）として人生が構成されているときに、最も幸福である」（ボウルビィ、一九八八）。

☆　安定した子どもは「安心して愛する」ことができている。親におびやかされたり、親の不安やもろさのせいで不安にさせられたりした経験がない。親が突然愛してくれなくなるんじゃないか、条件つきで愛してくれているだけじゃないかといった心配をしていない。だからこそ、大人になったとき、「安心して愛する」ことができるのだ。

☆　安定した子どもの親は、いつも子どもの感情に反応することができた。自分自身の未解決な感情でいっぱいということがないから、精神的にも感情的にもゆとりがあるし、たとえ感情を消化できないようなときにも、誰かに助けを自然に借りることができる。安定した子どもは、脅えたりあわてたりしたときに、親に慰めや助けを求める。親がその期待に応えてくれることがわかっているからだ。

☆ 安定した子どもは、成長して「大胆に世界を探検することができる」と感じるようになる（ボウルビィ、一九八八）。それは、優しく温かい母親がそばにいないときにも、その姿を心の中に保ちつづけることができるからだ。その能力は、だいたい三歳半くらいからしっかりと形成されはじめる。最も愛着をもつ人物から、半日〜一日程度離れていても、分離不安を抱かずにいられるようになる頃だ。

☆ こうした、親との非常に良好な初期の交流から、子どもの世界観はとても強い影響を受けることになる。たとえ実際の危険（たとえば戦争）におちいっても、愛し慰めてくれる親と一緒にいるから安全だと感じられるだろう。それに対して、不安定な子どもは、たとえ本物の危険がなくとも、非常に強い危険を感じることがある。安定した支えとなり、世界に存在するうえでの基盤となってくれる親の存在を感じたことがない子どもでも、心理療法やカウンセリングによって第二のチャンスを得ることができる。

☆ 安定した子どもは、世界を希望と善に満ちた場所とみなすように成長する。他人の助けを借りれば、最も恐ろしい状況にも耐えられると感じられるのだ。クライン（一九三三）が述べた通り、「もしも愛が怒りや苦情、憎しみによってもみ消されることなく、しっかりと心の中で確立すれば、他人への信頼や自分自身の善についての信念は、どんな状況にも耐えうる岩のようなものとなる」のである。

☆ 安定した子どもは、世界を「ひとりで行かなければならない」場所とはみなさない。そこは、なぐさめ、助け、理解してくれる誰かがいつもいる場所なのだ。

☞ このような人の期待はきわめて深く確立され、繰り返し強められるため、成人となったとき、彼はそれ以外の世界を想像しがたくなる。この経験こそが、困難な場に立たされるとき、いついかなるときにも彼に援助の手をさしのべてくれる信頼に足る人物が常に存在するという、無意識に近い確信を彼に与える。したがって、彼は自信をもって世界に近づき、恐れを誘発するような事態に直面しても、効果的に取り組み、助けを求めるようになる。

（ボウルビィ、一九七三）

親が口に出さず、包み隠している恐怖や不安を、子どもはどのように感じるのか

年少の子どもは非常に開放的で、心が無防備なため、親の感情エネルギーや気分の影響をまともに受けます。親の心が未解決の恐怖や不安に満ちていると、子どもは外の世界が、恐怖と不安でいっぱいのように感じることでしょう。子どもは親の心配や問題、恐怖を感じてしまうことが多いのです。たとえ言葉に出さなくても、子どもは意識の水面下で鋭く親の心を感じ取るのです。別の見方をすれば、一般的に、親の無意識と子どもの無意識は、「地下で」つながっているのです。親子の密接な関係のせいで、このコミュニケーションは非常にドラマチックです。その結果、子どもは親が明白に表現するものだけでなく、無言の不安や隠された恐怖をも背負わされたように感じてしまいがちです。この重荷は、子どもが大人になってからも続くことがあり、その途中で、なんにでも簡単にとりつく漠然とした不安となって表われます。

♡♥♡♥♡♥♡♥♡♥♡♥♡♥♡♥♥♡♥

クララ　四歳

クララは非常に不安定だったため、心理療法を受けた。彼女は授業に集中できず、教師にまとわりつき、非常に落ち着きがなかった。母親は親しい人に先立たれて、深く嘆いていて、気持ちを打ち明けられる相手はほとんどいなかった。その結果、医師はクララと母親に家族療法を受けさせた。母親になにをしてほしいかとたずねられたクララはこう答えた。「ママ、わたしの部屋の雨漏りをとめてほしいわ。とても悲しくて、怖い気分になるの」。実際には、雨漏りなどなかった。クララがこういったのはただ、自己（家のイメージ）

♥♡♥♡♥ が、母親の悲しみの涙という「雨」から十分に守られていないという比喩だったのだ。クララの母親が死別カウンセリングに通いはじめると、クララは落ち着きを取りもどし、成績は飛躍的に向上した。

ユング派の精神分析家、ウィックス（一九八八a）はこう説明しています。「母親が自分のものとして認めたがらない恐怖によって、子どもの無意識が影響を受けることがある」。言い換えれば、もしも親が心配を抱えていたら、子どもはしばしばそれを取り上げ、それを解決しようとして、精神的に消耗し、夢までみるということです。つまり、親が見るべき夢を、子どもが見ることがあるということです！　親が自分の恐怖や心配を解決したとき、子どもは自分自身の発達を続けることができるようになります。著名な精神分析家のユングは、この「神秘的関与」について次のように述べています。

> 子どもと親の間に生じる原始的な無意識の同一化である「神秘的関与」が、親の葛藤を子どもに感じさせ、まるで子ども自身の問題のように苦しませる。それは漠然と子どもに感じとられ、心配し、気にしているという重苦しい雰囲気が、有毒な蒸気のように次第に子どもの心を侵し、安定感を破壊してしまう。
> （ユング、ウィックスへの私信、一九八八）

多くの親はこの「神秘的関与」の力に気づかず、「ジョニーには話さないわ。心配させるだけだから」などと言うでしょう。しかし、ある程度、ジョニーはすでに知っているということに、彼らは気づいていないのです。アームストロング＝パールマン（一九九八年、私信）はこう言いました。「子どもを真実から遠ざけておくことはできない。その真実を言葉で伝えずにいることしかできないのだ」（一九九八年、私信）。

次の例も、このことを示しています。

♡♥ 年若い母であるスーザンは、最近経験した流産の悲しみをあらわにすることを自分に禁じていた。忘れようと努め、五歳になる息子ビリーの前では「陽気に」なろうとした。スーザンはビリーに、「赤ちゃんは大丈夫よ。今では、神様が抱っこしてくれているからね」と言った。その流産までは幸せだったビリーは、やがておねしょをしはじめ、病院でみんな死んでしまうという内容の遊びを何度も繰り返すようになった。そして、ウンチや涙が便器いっぱいになって溢れだすという悪夢をみるようになった。スーザンが心理療法に通って、自分の悲しみを表現するようになると、ビリーはまた元気になり、こういった症状はすべて姿を消した。

テッサの母親は、自分が深刻な心臓病で、死んでしまうかもしれないという事実を、幼いテッサには隠しておこうとした。しかし、テッサは学校の先生に「見て、また黒い穴を描いたの。小さな女の子がそこに落ちたのよ」と言った。先生が、どうしてそこに落ちたのかとたずねると、テッサは答えた。「お母さんがいなくなったから。ちょっとの間だけじゃなくて、永遠にね」。もちろん、母親が自分の娘を恐ろしい真実から守ろうとするのは理解できる。しかし、別の次元では、娘を守ることはできない。テッサの母親は、真実を言葉で表現することは避けたが、娘を真実から遠ざけることはできなかった。テッサと母親が話し合い、お互いの気持ちを感じるためには、二人ともに、プロの助けが必要だった。さもなければ、テッサは恐怖と悲しみをたったひとりで抱えたまま、取り残されることになる。

不安を抱えた子どものなかには、強迫的な儀式行動をはじめる者もいます。親が消化しきれずにいる、未解決な生々しい感情の一部を感じているからです。整列や確認の儀式行動によって、母親の混乱しきった感情を「整理」しようとしているのです。こういったケースでは、母親は自分のカウンセリングや心理療法を受けなければなりません。「ジョニーにはわからないでしょ

図 5
「トイレもゆらゆらなので、すごく気をつけてすわり、中におちないよう、しっかりとつかまっていなくてはなりませんでした」

う」というのは単なる拒絶であり、ひどく不正確な希望的観測なのです。

子ども時代の自然な想像上の恐怖と、神経症的な恐怖とを見分けることの重要性

四、五歳ごろの子どもの想像力は、特にあざやかで強いものだという事実にふれずにいては、この本は完全なものとはいえないでしょう。この発達段階にある子どもには、恐怖が波のように押しよせることがあります。たとえば、四歳の子どもには、大きな黒い洋服ダンスが、夜になると動き出して襲ってくるように見えることがあります。カーテンの陰から、残酷そうな顔がじっとこちらを見つめているような気がすることもあります。テーブルの脚や冷蔵庫のドア、トイレの便座やハチによって痛い思いをさせられたときには、それらが「ぼくをやっつけに来た」と感じてしまいます（**図5**）。さらにいえば、強迫的な儀式行動は、三歳から五歳ぐらいの子どもにとって、豊かすぎる想像力によって強められた不安に対処するための、ありふれた方法なのです（歩道のヒビをふまないように歩く子どもや、毎晩のようにオバケがベッドの下にひそんでいないか確認する子どもがいます。隠れたり、避けたり、走って逃げたり、病気のふりをしたりして、恐ろしい状況や人物に対処する子どももいます）。

しかし、この想像力豊かな段階にある子どもの親が強い不安を抱えていると、時に恐ろしくなってしまう世界を、穏やかで安全な場所に戻す手助けができなくなります。それどころか、子どもは世界が危険で攻撃的なものだという印象をもちつづけるでしょう。それとは対照的に、もし子どもがそういった偏執的な恐怖に直面したとき、共感と冷静さに満ちた反応を常に受けていたら、どんなに想像力が豊かであろうと、世界が恐ろしいものだという感覚をもちつづけることはずっと難しくなります。

☞母親は本物の魔術師で、不幸を招く悪いものと、その小さな犠牲者を変えることができるのだ。火はもはや悪いものではなく、テーブルはもう痛い思いをさせない。母親が「すべてを解決」したのだ。
(オディエ、一九五六)

しかしこの年ごろに慰めてくれる母親がいなければ、子どもが不安に対処する方法は四歳ごろの発達段階で行き詰まってしまいます。この年ごろに特有の、不合理な「魔術的思考」をもちつづけることになります。子どものなかには、大人になってもこの考え方をつづけ、恐怖症や強迫神経症、妄想症のような本格的な神経症におちいる者もいます。

家庭あるいは学校で、混乱した世界に生きているため、不安になっている子ども

☞アリスはこんなへんてこなクロケー競技場なんてはじめてだと思ったよ。なにしろでこぼこだらけでね。クロケーボールは生きたハリネズミだし、球をうつバットは生きたフラミンゴだし、アーチのかわりには兵士たちがからだを弓なりにして地面に手をついているんだもの。
(ルイス・キャロル『不思議の国のアリス』矢川澄子訳、新潮社)

ありとあらゆる否定的で強い緊張をはらんだ感情がただよっているのに、表面上は「良い」感情だけが表現されているため、「でたらめ」な状態になっている家庭もあります。親が一瞬優しく温かであったかと思えば、次の瞬間には残酷で敵対的になることで「でたらめ」になっている家庭もあります。子どもが親の予測しがたい行動を操縦しなければならないため、「でたらめ」な家庭もあります。癇癪《かんしゃく》や錯乱、批判、敵意、抑うつ気分などによる「嵐の被害」を最小限ですませるための操縦です。子どもに「こっちへおいで、愛しているよ」と言ったかと思うと、次の瞬間には「おまえなんか生まれてこなけれ

ばよかったんだ」と言うような、矛盾したメッセージを伝える「でたらめ」な態度の親もいます。子どもの行動を見て笑ったり、励ましたりしたかと思うと、次の日にはまったく同じ行動に対して罰を与えたりします。延々と続く混乱した家族ドラマのなかで育つ子どももいます。それはとても刺激的で興奮する生活かもしれませんが、そういった家庭には、穏やかで慰めてくれるような静かな力をもつ人物がいないものです。そのため、子どもは自分のなかに落ち着きや冷静さを感じることが難しくなります。

「でたらめな家庭」があまりにはちゃめちゃすぎるため、ひとりでいるほうがくつろげて好きだと心を決める子どももいます。他人のそばにいると、心が不安定になり動揺してしまうからです。

♡♥♡♥♡♥♡♥♡♥♡♥♡♥♡♥

アンジェラ　十五歳

父さんが家にいるときは、いつもとっても静かにしていなきゃならなかった。父さんはひどい癇癪《かんしゃく》もちだったから。でも、時には書斎から出てきて、みんなで一緒に取っ組み合いゲームをしたわ。ものすごく大声をあげてね（父さんが一番やかましかった）。すると突然、はっきりした理由もないのに、父さんのスイッチが不機嫌モードに切り替わって、みんなのことを無礼だと言い出すの。わたしたちは忍び足になって、母さんが「しーっ！　静かに！」って言うのよ。とっても混乱したわ。

ある女性は、小さい頃に、「はねまわるのはやめなさい、階下の人に迷惑だから」と母親に言われたことを覚えています。彼女は二階に住んでいましたが、階下は空き店舗でした。少女は、いないはずの住人がどうして迷惑がるのかを何とか理解しようと努めました。理屈に合わないのは母親に原因があるはずだ、と考えるには幼すぎたのです。そういった家庭は、ルイス・キャロルの『不思議の国のアリス』や、エドワード・リアのナンセンスな詩、カフカの迫害的な世界に出てくる場所とよく似ています。

学校も、「でたらめ」で混乱した場所になりえます。たとえば、優しい感情表現を、勇敢ではなく弱さだとみなされて、攻撃されるからです。子どもたちのいじめは罰を受けますが、先生の場合は許されるからです。芝生に入らないとか、ちゃんとした靴下をはくといった規則はありますが、他の生徒にいじわるすることについての規則はないからです。先生のなかには、子どもを好きじゃないのに、子どもと関わる仕事を選んだ人もいます。

「でたらめな家庭」や「でたらめな学校」の子どもは、でたらめなことに意味を見つけようとします。論理のないところに論理を見つけ出そうとし、まったく奇妙で異常なものを正常なものとみなそうとします。

☞ でたらめな質問に答えは出せない。一マイルは何時間か。黄色は四角いのか、それとも丸いのか。
（C・S・ルイス、一九九四）

でたらめなものに意味を見出すことは、非常に骨の折れる孤独な作業となります。たとえば不思議の国に行ったアリスは、でたらめなものに何とか意味を見つけようとしつづけ、それをたったひとりでやろうとしたため、とても孤独でした。

☞ 陪審員たちはさっそく三つの日付をみんな石板に書きとめ、足し算して、その答えをお金に換算したりしている。
（C・S・ルイス、一九九四）

子どもにとって、世界が意味をなさないように思われるだけでなく、もっと悪いことには自分自身が無意味に感じられることがあります。一生懸命に考えたあげく、「もしもう少し考えれば、理解できるだろう」と、彼は自分の理解力のなさを責め、おかしいのは自分のほうだと信じるようになるのです。

次に述べるのは、混乱した不安定な世界に生きる自分たちの感情を処理しようとする子どもたちのお話です（**図6**）。

マッティ　九歳

マッティの母親はアルコール依存症で、よく癇癪《かんしゃく》を起こす。カウンセリングで、マッティはこう言った。「わたしはなにも怖くないよ」。二分後、彼女は言った。「わたしはなにもかも怖いの」。マッティは、次のようなお話を書いた。「ときどき、誰かが芝生の上を歩くと、芝生の巨人が地面に大きな声を出させるの。その声は、こまくが破れてしまうほど大きいの。芝生の巨人がいないときなら、芝生の上を歩いてもだいじょうぶ。だけど、次に何がおきるかは誰にもわからないの」。

ビリー　六歳

ビリーの母親は薬物依存症だ。兄はシンナーを吸い、通りで盗みを働く。父親は家を出たり戻ったりを繰り返している。ビリーは養育放棄された児童として保護登録されている。ビリーは、次のようなお話を書いた。「タコが家にやってくるんだよ。ゴミ箱が窓から飛んできて、何もかもなぎたおす。赤ちゃんは洋服ダンスにかくれて泣いているよ。誰かが警察に電話をかけて、助けを呼んだ。でも、おまわりさんは来るとちゅうで、沼にはまって溺れちゃった。次の日には、みどりのおばさんが仕事の途中で寝ちゃったから、子どもたちは車にひかれちゃったんだ」。

図6
混乱した世界を描いた砂遊びの絵

ビリーの作る話では、ミニカーがしょっちゅうおもちゃのガレージから落ち、人びとはしょっちゅう人形の家の窓から落ちる。ビリーにとって、教室からセラピールームへ移動するのも、セラピールームから教室へもどるのも、とても難しく、不安をかきたてられるように感じられた。それはまるで、どちらからも落ちるのを怖がっているようだった。

♥♡♥♡♥♡♥♡♥♡♥

デイビッド　七歳

デイビッドの母親は彼が幼い頃に亡くなった。父親はその後、次から次へと恋人を作った。婚約しては最後の瞬間に破棄したり、一年ほど結婚生活をしてから、離婚したりしていた。

デイビッドのお話では、無数のカップルが模型の公園のベンチに座っている。そこにいるのは、「パパとぼく」「パパとぼくの死んじゃったママ」「パパとこれからやってくるママ」「パパと新しい恋人」「パパと別れたばかりの恋人」などである。

♥♡♥♡♥♡♥♡♥♡♥♡♥♡♥♡♥

決して処理できない大きな心の傷（トラウマ）に苦しんでいるせいで、不安定な子ども

子どもが大きな心の傷に苦しみ、それについての感情を完全に処理するための助けをまったく得られなかった場合、強い不安が残ることがあります。それはまるで、そのトラウマがすべてをひっくり返してしまったかのようです。たとえて言えば、そういった子どもは、とてもぐらぐらする地面の上に生活していて、次に起きる噴火や衝突、地震や隕石を待っているようなものです。

それは心理的なレベルだけでなく、生化学的なレベルでも起こります。心的外傷後ストレスに苦しむ多くの子どもの場合、ストレスホルモン（コルチゾール）が過量に放出されつづけます。このホルモンの影響で、脳は、実際には存在しないにもかかわらず、非常事態や脅威があると認識します。それは過剰な警戒状態で生きているようなもので、子どもが内面の平安を得る可能性が失われてしまいます。心

的外傷後ストレスに苦しむ子どもは、たとえ外面をうまくとりつくろっていても、内面は非常に不安定なことが多いのです。

人や物、人生のある部分との非常に重要な感情のつながりが、何らかの形で破壊されてしまったとき、子どもは心に大きな傷を負います。次に挙げるのは、トラウマを引き起こすような、破壊された関係の例です。それらをうまく処理できなかった場合に、子どもは大きな不安を抱えるようになります（**図7**）。

☆　家族の死
☆　親との離別
☆　両親の離婚
☆　両親が不安をかきたてるような恐ろしい争いを頻繁にしていること
☆　親の暴力を目撃すること
☆　破産など、家族全体がショックを受けるような出来事
☆　神経衰弱、うつ、深刻な病気など、何らかの形で親が「壊れて」しまうこと
☆　身体的虐待あるいは性的虐待を受けること（守ってくれるはずの人間に虐待を受けた場合には、感情のつながりも自動的に破壊される）
☆　非常に重要な関係が何らかの形で「破壊」され、修復や再建が不可能な場合

図7
自分のなかにある大量の「ぐちゃぐちゃに乱れた感情」について少年が語ったお話の絵。彼は「でたらめ」な家庭で育った。

次に挙げるのは、心的外傷後ストレスに苦しむ子どもが示す、きわめて一般的な症状です（米国精神医学会編『精神疾患の分類と診断の手引』［第四版］〈ＤＳＭ-Ⅳ〉）。

☆ 落ち着かない行動
☆ トラウマになった出来事を繰り返し再現する（年少の子どもの場合、トラウマのテーマや状況を表現する遊びが何度も繰り返される）。
☆ その出来事の悲惨な夢を何度も見る。
☆ その出来事が再度起きるかのような行動あるいは感情
☆ その出来事の状況を象徴するような出来事、あるいはそれに似た出来事に苦しむ。
☆ トラウマに関連する考えや感情、活動、状況を避けようと努力する。
☆ 年少の子どもの場合、発達段階で一旦できるようになったことが最近になってできなくなる（トイレット・トレーニングや言語能力など）。
☆ 感情の幅の制限（たとえば、愛するという感情をもてなくなる）
☆ 睡眠障害
☆ 人から離れているような感覚
☆ 集中力を欠き、以前興味をもっていたものへの関心を失う。
☆ 緊張あるいは警戒状態
☆ 怒りっぽい、いらいらする。

トラウマを引き起こした出来事が、このように非常に困難なレベルのストレスと不安を子どもに残すかどうかについては、基本的にふたつの要因があります。ひとつめは、その出来事の後で、子どもが自分の感情を表現するのを手伝い、その処理をしてくれるような人間が、子どものそばに（気持ちの上で）いてくれたかどうかです。一回だけ話を聞けばすむというわけにはいきません。時間をかけて、子どもの激しい感情が表面化するたびに、それらをひとつずつ処理できるように子どものそばにいなければならないのです。そのためには、精神的苦痛、ショック、恐怖、喪失を強く感じた人からわき起こる激しい感情を、恐れない人間でなくてはなりません。でなければ、子どもが感情を処理し、その出来事を受容するのを阻害してしまうことになるでしょう。

もうひとつは、誰かがその出来事について、ちゃんと子どもに説明をしたのか、それとも、子どもを混乱と恐怖と無知の状態で放置していたのか、という問題です。「何があったかを子どもに言わないのが一番良い」「この子には、亡くなったばかりの父親にさよならを言わせないほうがいい、まだ小さすぎるから」「この子のために、今は内緒にしていたほうがいい」などと信じる親が実は、子どもが不安に満ちた人生を送る手伝いをしているようなものなのです。それは、親が自分自身の感情を扱えないため、子どももきっとそうだろうと考えてしまうためでもあります。そうなると、子どもは感情を処理する機会を与えられないことになります。たとえば、父親がある日出て行って、二度と帰ってこなかったような場合を考えてみましょう。もし子どものそばに、その怒りや悲しみ、裏切られた思い、拒絶心、無力感、罪悪感の処理を手伝ってくれるような包容力のある人間がいてくれなかったら、また、子どもがなにも教えてもらえなかったとしたら、その子は後の人生で重い神経症に苦しむことになるでしょう。自分の感情を、耳を傾けてくれる人間に語ることができないと、それをたったひとりで抱えていかなければならないのです。

優れた精神分析家であるボウルビィは、一九七八年の研究で、子ども時代に受けたトラウマの影響で大人になっても苦しんでいる人びとは、先ほど挙げたような、基本的に必要なものの恩恵を受けていなかったことを発見しています。

子どものカウンセリングや心理療法によって、心的外傷後ストレスや、未処理のトラウマがもたらすつらい影響を止めることができます。カウンセリングや心理療法を通して、「(脳内の)情動の神経回路を再学習させることができる」のです(ゴールマン、一九九六)。

第2章

内面に強い不安を抱えた子どもの生活

――「まっすぐ君」の場合

なぜ「まっすぐ君」のような子どもは、不安定さや混乱を求めるのか

フォックス議員　このプディングはお気に召しましたかな、ピット君？
ピット首相　いいえ、フォックス君。
フォックス議員　きみは何かを楽しいと思うことはあるのかね、ピット君？
ピット首相　バランスシート《貸借対照表》を眺めるのが楽しいよフォックス君。いいバランスシートを眺めるのは、実に楽しい。*

――ベネット、一九九五『国王ジョージの狂気』

「まっすぐ君」のような少年にとって、人生はあまりにも堅苦しく整頓された、予想可能なものに思われます。彼は、そこから抜け出して解放されたいと願っているかもしれません。自分の内部のバランスを再建するために、混乱や無秩序を望んでいる可能性もあります。彼の内部にある自発的で自由なものすべてに、人生の秩序というものがまとわりついているように思えます。それは物事を退屈にし、人生の大事な体験から鮮やかさや興奮を奪ってしまうのです。しかし、どんなに努力しても、まっすぐ君は解放されません。コントロールされているという感覚によって生が否定され、楽しみが否定されているにもかかわらず、それを捨てることができないのです。

「まっすぐ君」のような子どもは、喜びのあまり飛び上がったり、土手の草をころがったり、「わーい！」「おい、〇〇か××をしようぜ！」といった生き生きとした言い回しをすることはありません。人や物に関して、奔放な興奮を感じることがないのです。概して、まっすぐ君のような子どもにはうまく抑制された感情しかありません。

＊訳注　舞台は十八世紀末、国王ジョージ三世統治下のイギリス。財政破綻の危機を増税によって乗り切った辣腕のピット首相と、そのライバルである野党の党首フォックス議員がやりあう場面。会話からは、ピットの勤勉で杓子定規な性格が見て取れる。

「まっすぐ君」のような子どもは、ごっこ遊びや取っ組み合いの遊びが苦手で、ボードゲームやパズル、コンピューターなど、ひとりでおとなしく遊ぶ傾向にあります。彼の自制心が強すぎるあまり、仲間の自発性や想像力を失わせてしまうこともあります。実際、悲しいことに、まっすぐ君のような子どもは退屈すぎるとみなされることが多いでしょう。子ども自身も、これが自分なんだと思いこんでいる場合があります（**図8**）。

「まっすぐ君」は、ほかの子どもたちが遊んでいるのを見て、彼らの自発的で自然な幸福をはぎとって、自分にはりつけたい、自分もあんなふうになりたい、と心から願うこともあります。「まっすぐ君」は、ある意味で、自分が多くのものを失っていることを知っています。生き生きとした身体や想像力、のびのびとした遊び、情熱的にものごとに関わること、快楽、不安のない強い喜びの状態など、人生の豊かさの多くを失っているのです。予想しがたいものを相手に自発的に働きかけ、インスピレーションの瞬間を経験し、創造的な危険を冒すことで得られるすばらしいもののすべてを、彼はとり逃がしているのです。言うまでもなく、創造力は秩序からではなく、混沌から生まれます。「人生の悲劇とは、人が何に苦しんだかではなく、何をし損なったかである」（カーライル、一九六四）。

図8
「まっすぐ君」の周囲

「まっすぐ君」のような子どもは、心や体ではなく、頭の中で生きている

「まっすぐ君」のような子どもの多くは、感情と身体的な感覚を分離する方法を身につけています。彼らは意識レベルでも無意識レベルでも、強すぎる感情はとても危険だと感じているのです。そこで彼らは、頭の中に住むことを選びます。頭の中に住めば、すべての感覚をコントロールできるという幻想を抱くことができるのです。そこでは、すべてを理屈づけることが可能です。また、やっかいな感情から離れるために、頭の中で生きようとする子どももいます。

「まっすぐ君」のような子どもの多くは、自分の身体を楽しめません。それは喜びの源となるよりもむしろ、不安の種となります。身体だけが自分から分離して、独自の意志を持つ独立した存在になってしまったかのように感じます。それはなにか恥ずかしいことをするかもしれないし、制御が効かなくなるかもしれません。心理療法家のミルナー（一九八七）が、「自分が叫んだり、ひょっとするとおもらししたりするのではないかと恐れて、かなりの音楽好きなのにコンサートにはほとんど行けないでいる」患者について述べているような、そんな気持ちなのです。

「まっすぐ君」のような子どもは、過剰な生命力を恐れる

> 🖎 われわれはそこに「生命力」がなく、かわりに不安が見られることを認知できるだけである。
>
> （フロイト、一九一七）

たいてい「まっすぐ君」のような子どもは、もしも感情を全部味わうようなことを自分に許したら、すべてが恐ろしいほど収拾がつかなくなってしまうに違いない、という信念（通常は無意識的に自覚し

たもの）をもっています。人生に情熱的にかかわることは、そういった収拾のつかないことのように感じられてしまいます。「泣き出して、それが止まらなかったらどうしよう？　怒って、感情が爆発してしまったらどうしよう？」。そこには感情に圧倒され、それに押し流されるなど、なんらかの形で苦しめられることへの恐怖が横たわっています。したがって「まっすぐ君」のような子どもは、怒りや興奮、愛や激しい欲求など、強い情動状態を避けるようになります。感情は、なんらかの別の形で受け流すことになります。ただし、どの感情を感じとり、どの感情を感じとらないかの選択はできません。仮にあなたが、怒りや恐怖、悲しみといった強い感情を避けようとした場合は、喜び、快活さ、興奮、愛などの前向きな感情を感じることも難しくなってしまいます。

「まっすぐ君」のような子どもは、強すぎる感情に脅えるとき、秩序や判断、理由づけを行なって、大きな感情ではなく、制御可能な「小さな」感情しかもたないよう努めます。しかし、ブルーム（一九九〇）が述べている通り、「秩序として通用しているのは、実際には身動きできないほどの混乱」なのです。こういった子どもたちが抑制しているあまりにも多くの感情が、「身動きできないほどの混乱」となっているのです。

しかし、このような強い感情を怖がるのは悲しいことです。なぜなら、強い感情というものは、生命力、自分に正直に情熱的に生きているという感覚、深く力強い関係を他者と切り結ぶ能力などの源だからです。さらに言うと、情熱的な感情は夢を実現するために不可欠なものです。ですから、自分の生命力を感じないようにしすぎると、その代償は、あまりにも高くつくことが多いのです。たいていは、とてつもなく多くの時間を、生彩なく退屈に生きることになります。つまり、人生の多くの意味を失ってしまうのです。子どもはぼんやりと退屈そうになり、ロボットのようになることもあります。「僕が自由にできる人生はほんの少しだけだけど、少なくとも、それをコントロールはしている」（コンピューター依存症を自認する青年）。

「まっすぐ君」のような子どもは、規則や強迫的行動によって強すぎる感情を退けようとする

親愛なるわたしへ。非常に面白い。明らかに、君もわたしたちのひとりだ。もちろん、わたしほどではないけれど。さもなければ、君は一瞬もリラックスできないだろう。わたしの場合は、もし髪がきちんと整っていなかったり、靴紐がきちんと締まっていなかったり、すべての物が所定の場所に置かれていなかったり、毎朝のお決まりのバスに乗れなかったり、『タイムズ』紙を必ず左側の小脇に抱えていなかったとしたら、世界が崩壊してしまうだろう。

（ホワイト、一九七九）

「まっすぐ君」のような子どもには、帰宅途中の手すりすべてに触れたり、しょっちゅう自分の手を洗ったり、数を数えたり、あるものを避けたり、何かを確認したり、何かを繰り返したりといった行動がよく見られます。強迫的行動は、大人の場合でも子どもの場合でも、ある感情を抱くのをやめようとする手段なのです。強迫的な儀式行動には、すでに何度も確認したものを再確認したり、何度も手を洗ったり、歩道のひびの上を歩かないように避けたりするといったことがあります。

強迫的な儀式行動は、恐ろしい危険を退けているという感覚を子どもに与えますが、それは「魔術的思考」と呼ばれるものです。子どもが外部世界に感じる脅威から身を守っているとき、実際には、本当の危険は子どもの内部世界にあるのです。それは子ども自身の強い感情が目覚めるという形をとります。

♥♡♥♡♥♡♥♡♥♡♥

フィリップ　十歳

フィリップは、ドアに鍵をかけることに強迫観念を抱いていた。夜には、少なくとも六回は玄関の施錠を確認してからでないと眠れなかった。彼が母親を亡くした悲しみを「自分から締め出す」ことをやめ、何度も泣いた後には、もうドアについての強迫観念を抱かなくなっていた。

ライクロフト（一九八八）が述べている通り、「感情は、強迫観念に支配された世界の秩序を乱す侵入者とみなされるようになる」のです。強迫的な儀式行動によって、「まっすぐ君」のような子どもは「コントロールしている」という感覚をもちますが、その裏では、「何もコントロールしていない」という感覚を味わっています。自分や自分の世界が恐ろしいほどコントロール不能なとき、そういった儀式行動は、少なくとも何かをコントロールしているという感覚を与えてくれます。


ナスレッディンは、パンくずを家の周りに蒔《ま》いていた。

「なにをやってるんだい？」と誰かがたずねた。

「トラを近づけないようにしているんだ」

「でも、このあたりにはトラはいないよ」

「そのとおり。効果ばつぐんだろ？」

――シャー、一九六六

強い不安感情と闘っている子どもにとって、この儀式行動は「まとまっている」ような感覚を与えてくれます。この儀式行動は不安を束ねてくれるのです。それは、世界を安全だと感じるための最後の手段なのです。けれども、子どもの強迫的行動は、周りの人びとを混乱させることがあります。身内の者や教師は、整理整頓し制御したいという子どもの必死の欲求の背後にある恐怖に気づきません。たいていはただ、時間を無駄にしていることにいらだつだけです。「すまないが、まだ出発できないんだ。アダム（八歳）が、出かける前に全部の窓にさわらなきゃ気がすまないものでね」。

「まっすぐ君」のような子どもは、周りが心配になるほど「いい子」である

「まっすぐ君」のような子どもは、身なりもきちんとしていて、話すことは折り目正しく、なんでも最大限の正確さでやってのけます。いつも「小さな大人」のように振る舞っています。「まっすぐ君」のよ

うな子どもは、いい子すぎます。残念なことに、そんな子どもは「満足している」、あるいは「うまく適応し、行儀がよい」という誤解を受けることが多いのです。本当は、多くの場合、生命力をほとんど失っているのです。

「いい子すぎる」子どもは、完璧であろうとがんばるあまり、失敗を恐れて息もできなくなります。彼らにとってミスは「悲惨な」状態なのです。ミスは大失敗であり、屈辱であり、恥であり、愛情や賛同を失うことなのです。「いい子すぎる」子どものなかには、勉強をやめて楽しむことができない子もいます。自分自身が愛されているのではなく、自分がなしとげたことや、やっていることが愛されているのだと思っているからです。そういった子どもは、遊びやおふざけをしたり、何もせずじっとしていたり、わざといたずらをしたりすると、愛情を失ってしまうのではないかと考えています。

「まっすぐ君」のような子どもが、解放されないでいる理由

家庭によっては、あまりにもきちんと整頓されすぎていて、遊びや楽しみや感覚的な娯楽に欠けることがあります。

> ✎ わたしは、しみひとつなく漂白された子ども時代を送った。エアテックス社の肌着は一日おきに交換されていた。私は、計画され、待ち望まれて生まれてきたひとりっ子であり、また同時に、オシドリ夫婦にとってのある種の邪魔者でもあった。その当時わたしにもいくつかの計画があった。その計画のひとつは、この安全で衛生的な子ども時代をいつまでも続けることだった。
>
> （クック、一九九九）

「まっすぐ君」のような子どもは、整頓されすぎた、清潔で高水準の規則のある家庭環境に育っていることがあります。そんな子ども時代を過ごした者のなかには、「子どもの頃、母は、わたしのことよりも

片付けのほうにはるかに熱心だった」と語る人もいます。こうした家庭には、疑問をさしはさむ余地のない堅苦しい儀式や、「ものごとの正しいやりかた」「やってはいけないこと」についての規則（明文化されたものもされてないものも）が山のようにあります。子どもは、非常に厳しい行動規範と厳格な善悪の考え方のもとで育てられます。そこでは、遊びや笑い、楽しみの衝動は消えてしまいがちです。

☞　このような大人たちは、あまりにも大人らしいので、非常に影響力の強い子育てを行ない、すばやく完璧に自分の例にならうように子どもに強いる。子どもっぽいあるいは動物っぽいもの、情熱的・感覚的・独善的なものは厳しく制御される。こうしたエネルギーは制限され、それこそ望ましい生き方であると子どもは教えられる。

（ジョンソン、一九九四）

このような家族は、『スリーウイメン』という映画のセリフで表現することができるでしょう。「あなたのモラルを一分間だけ捨てて、わたしを助けてくれませんか」。こうした家族には、身体的な活力に欠けた「あたまでっかち」がよく見られます。つまり、愛情のこもったふれ合いや身体的表現は最小限に留まり、乳児期以降の子どもの感覚的経験は乏しく、抱っこや肌のふれ合いを味わうことがほとんどありません。水にひたったり砂に触れたり、太陽を浴びたりする喜びの経験もほとんどないのです。ひと言でいえば、「まっすぐ君」のような子どもは、感覚的な世界に住んでいないということです。

♡♥♡♥♡♥♡♥♡♥♡♥♡♥♡♥♡♥

トニー　九歳

トニーはとても緊張の強い少年で、休み時間にはほかの子と遊ぶよりも、本を読むほうを好んだ。教師たちはトニーのことを心配した。頭の中だけで生きているように思われたからだ。トニーの父親は、休みの日の海岸でも、シャツや靴、靴下を脱ぐのは不愉快きわまりないと思い、トニーに触ることに強い抵抗を感じていた。実際、そうしたいという気分にならなかったのだ。トニーを抱っこし、抱き上げて連れ回してくれる人は、今までひとりもいなかった。彼の家庭にスキンシップの喜びはなかった。

このような環境に育った「まっすぐ君」のような子どもの人生には、自分を解放することや、喜び、楽しみ、遊び方を教えてくれる大切な大人がほとんどいません。想像力豊かな楽しい遊びや、身体的な遊びを易々と十分に楽しむことのできる大人は、情緒的に健康であると言えます。心理療法家マスローは、幸福で満足し情緒的に健康な人びとの研究に生涯のほとんどを捧げました。マスローの出した結論に、次のようなものがあります。

☞ 最も成熟した人びとは、最上の楽しみを得ることができる人びとである。そういった人びとは、意のままに退行し、子どもっぽくなったり子どもと一緒に遊んだりして、子どもに近くなることができる……はっきりとわかってきたことは、いわゆる「大人になる」ということが、自分を脅かすものから目をそらすことでもあるらしいということだ。そしてわれわれを脅かすものとは、穏やかさ、幻想、感情、「子どもっぽさ」なのだ。

（マスロー、一九七一）

簡単に言えば、遊んだり、のびのびと振る舞ったり、身体で愛情を表現することできない両親をもった子どもは、真の意味での子ども時代を過ごすことはできないだろうということです。

教師や親に完全に服従することでしか、対処できなくなってしまう子ども

☞ そして太陽をなかに入れる前には、かならず靴をぬぐわせなさい。

（ディラン・トマス、一九九五）

「いい子すぎる」子ども、自分を解放できない子どもは、おそらくその理由も知らないまま、自分のなかにある自由で強い感情から離れているように教え込まれ、内なる世界に鈍感なままになっています。問題は、命や情熱があまりにも奥深くに閉じ込められているため、もう一度見つけるのが非常に難しいということです。実際、そういった子どもの多くは（特に、そういった感情が幼児期に抑制された場合

には)、自分にもかつては強い感情があったことを忘れています。現在の、従順ないい子である自分だけが、自分の真の姿だと思っているのです。ちょうど八歳の少女が、「わたしは退屈しか感じないの。それは自分が退屈な子だからってわかってるから。それがわたしなのよ」と言ったように。

親の愛情や賛同を得るために、自分の情熱や生命力のほとんどを抹殺してしまう子どももいます。多くの場合、そこに悲劇的なパラドックスが生じます。愛されていると感じたいがために、自分自身の一部だけしか生きられなくなるのです。親子の間に強い結びつきがあるとき、子どもにとって、親の愛情を失うことは耐え難いものになるでしょう。その愛情は空気や酸素のようなものであり、子どもの存在理由であり、まさに自尊心の根拠そのものなのです。

子どもが十全に生きていること、幅広い感情を備え、それを自分から情熱的に（時には大きな声で）表現したがっていることをわきまえて子どもに対処することができない親や教師もなかにはいます。なぜなら、そういう親や教師は、自分たちの弱い感情に比べて、子どもの感情の豊かさが過剰すぎると思うからです。彼ら自身の子ども時代には、興奮や怒り、抗議といった激しい感情のあり方は許されず、何も反応してもらえないか、恥ずかしい（あるいは恐ろしい）思いをさせられるしかありませんでした。

ある父親は、心理療法を通して、自分の母親に生気を絞りとられていたことを自覚しました。そして彼は今、無意識のうちに、自分の子どもに同じことをやっていたのです。生命力をわずかでも感じさせるもの（興奮、騒ぎ、おふざけ、歓喜など）を子どものなかに見つけると、この父親は厳しく批判しました。自分が押し殺してきた生命力を、子どものなかに見ることが耐えられなかったのです。この父親のような大人にとって、自分が抑えつけてきた感情を子どもが生き生きと、表現する様子を目にするのは、非常につらいことです。したがって、表現の豊かな子どもは、親や教師に嫉妬（通常は無意識のものであり、当人は否定しますが）を起こさせることがあります。その結果、親や教師は、子どもの自然で情熱的な感情表現を良くないことだと決めつけ、理由づけをしようとしはじめるのです。そして、歓喜のあまりに叫ぶことや、喜びあまってジャンプすること、大きな声をあげて泣くことや激怒することは「悪いこと」であり、「秩序を乱すもの」で「近所迷惑」「興奮しすぎ」だとみなされ、「すぐにやめさせなかったら、自分はダメな親（教師）だ」という結論を導き出します。このような大人には、自分自身が押し殺してきた情熱のすべてを子どもに認めさせることはあまりにも恐ろしく思われます。子どもを批判し、あざけり、辱《はずかし》めて、子どもに、自分はやかましく多動で制御がきかない子だと思わせるのが「この子にとっていちばん良い」と考えるほうがずっと簡単なことなのです。

そういった大人のそばにいる子どもは、すぐに恥を感じるようになります。それは、自分の表現の豊かさやゆとりを抑圧することを意味します。子どもは、周りの大人たちが容認してくれるような、安全な「思考」の世界に引き下がり、性格の豊かさは次第に失われていくでしょう。

♥♡♥♡♥♡♥♡♥♡♥♡♥♡♥♡♥♡♥♡♥♡♥♡♥♡♥♡♥♡♥♡♥♡♥

リジー　十歳

カウンセリングを受ける前のリジーは、生気に欠けた子どもだった。学業をこなしてはいたが、なににも興奮することはなかった。リジーは四歳のとき、お風呂でボートのチャンピオンのふりをしたことを覚えている。母親に「見て！　ほら、わたし、優勝したわ！」と言うと、母親に「見せびらかし屋」で「やかましくて行儀が悪い」と叱られた。同様に、笑ったり、大声を出して喜んだり、喜びのあまりジャンプしたりすると、いつも叱られた。愛情をこめて、泥のパイを作って母親にプレゼントしたこともある。母親は、「すぐに庭に戻しなさい」と答えた。キッチンが泥で汚れたからだ。リジーが泣くと、父親に弱虫と呼ばれ、「わたしの強い娘はどこへ行ったんだ?」と言われた。リジーは学習を重ねて、両親が認めてくれる感情の狭い範囲内でしか表現しないようになった。両親に認めてもらうために、自分自身をあらかた押し殺すという代償を払ったのだ。

もしリジーの母親が、「生の喜び」を共有してくれ、娘の愛情を喜んで受け取ってくれていたら、もしリジーの父親が、娘の痛みや悲しみにつきあってくれ、それらを退けずに、耳を傾け、慰めてくれていたら、事態は大きく違っていたはずです。

カウンセリングを重ねるうちに、カウンセラーが両親とは異なる反応をしてくれることに気づくと、リジーの豊かな表現力が姿を現してきました。夢や芸術作品のなかに、洪水や地震や鮮やかな色という形で、リジーの情熱が現れてきたのです。カウンセラーに励まされて、リジーはそれまで抑えつけられていた自分の生を生きはじめました。ただし、リジーは賢明でした。家では自分の「生」をしまいこみ、友人といっしょにいるときや、学校にいるときにだけ取り出したのです。家庭からは「変化なし」という報告でしたが、学校からは「驚くべき変化」という報告があがりました。「まるで、解き放たれたかのようです」とリジーの先生は語りました。

☞　秩序、高潔といった厳格な道徳原則の遵守が一方的であればあるほど……それと対極的な人間性（活力、自発性、肉体性、批判、独立心など）への恐れが根深ければ根深いほど、熱心であればあるほど、この隠された領域を切り離し、沈黙で囲い込んで制度化しようと一層の努力が重ねられるようになる。売春やポルノ売買、軍隊など伝統的に男性ばかりの団体に特有の強制わいせつは、そういった秩序や高潔に対する合法的で、なくてはならない裏面の一部である。

（ミラー、一九九〇）

十分な生命力を味わうことがないため、無気力、無感覚になっている子ども

☞　午後になると母と父は寝室にひっこんで眠ります。眠りにではなく、死にに行ったわけです。午後はほんとうに死んだも同然です。

（アルヴァレズ『自殺の研究』早乙女忠訳、新潮社）

家庭や学校で、繰り返し子どもが退屈を訴えるときには、その場の雰囲気に活気がないこと、教師や両親に生気がないことを伝えている場合があります。無気力な子どもは、周囲の大人と、不毛で堅苦し

い、あるいはまじめすぎる交流ばかりしながら人生をおくっていることがあります。学校や家庭の雰囲気は、そこに入ればすぐに感じられるでしょう。喜びがなく重苦しい雰囲気だったり、遊びの感覚がなかったり、時には法廷や死体置き場、厳しい修道院のような寒々しいものだったりすることもあります。清潔な病院のように、無味乾燥で生気がない場合もあります。罪や恥の意識が重く漂う雰囲気、冷たい沈黙で凍りついた雰囲気の場合もあります。長年にわたって、温かな優しい交流がほとんどなく、荒涼としていることもあれば、両親の仲が冷め切っている場合もあります。沈んだ気分が漂っていることもあります。

まだ自己の形成段階にある子どもは、不幸にも、こうした雰囲気の影響を受けやすい存在です。環境から受ける重圧が心の内部の重圧となり、いわば血液中に入り込んで、子どもの生き方の一部となってしまいます。親が自分の感情を否定していればいるほど、子どもが感じる重圧は大きくなります。

♡♥♡♥♡♥♡♥

マックス　自分のなかに囚われたように感じる青年

子どものときに、母にこう言えればよかったと思う。「ママの〈うつ〉はささいなことじゃない。それは家から漏れるだけじゃなく、ぼくを死んだような状態にしてしまう」。

♡♥♡♥♡♥♡♥♡♥♡♥♡♥♡♥♡♥

サリー　若い女性

少女時代のサリーは、非常にまじめでいい子だった。十六歳のとき、彼女は重い抑うつ状態になって、治療を受けた。サリーの父親はいつも「ぼくは元気だ」と言っていたが、実は、子ども時代から挫折をたくさん抱えて生きていた。恐ろしい父親をやり過ごして生きるために、彼は自分の情熱のほとんどを押し殺していたのだ。サリーはそれを感じとっていた。サリーは「わたしのなかに閉じ込められているのは、とても恐ろしい〈死〉なの、〈生〉ではなくて」と言った。

とはいえ、なかには、周りの人の生気のなさを吸い込まずにすむ子どももいるということに、触れておかなくてはなりません。彼らは、温かさや豊かさ、生気に満ちたふれ合いを何度も繰り返し与えてくれる人をほかに見つけたのです。その人はおばさんであったり、親切な隣人、優しいお手伝いさんや先生であったりするでしょう。いずれにせよそれは、子どもが定期的にふれ合うことのできる相手でなければなりません。時たま、わずかな間だけ生き生きとした交流をもったとしても、「まっすぐ君」のような子どもを刺激して、生き方を変えるには足りないのです。真の悲劇は、「まっすぐ君」のような子どもの周りにそのような相手が誰もいないことです。ローワン（一九八三）が述べているように、「われわれには成長、停滞、減退の選択肢がある。成長を励ますようなものが何もない世界では、ほとんどの者がうまく成長できないか、全く成長しない」のです。

強い感情の危険性は、親から子へと、無意識のうちに強力に伝えられる

♥♡♥♡♥

チャールズ　十四歳

この道のどこかで、わずかないい感情だけをもつよう教わったんだ。

強い感情に備わる「危険な」性質について、親から子どもへと、無意識のうちに強力に伝えられることがあります。自分自身の強い感情におびやかされている親は支配的な態勢をとります。その支配の対象には、子どもの時間や空間、信念、感情、欲求が含まれます。「だめ、そんなふうに思っちゃいけません。こう思いなさい」「だめ、あなたが欲しいのはこれよ。あれじゃありません」。そうやって自分の感情を守っている親は、赤ちゃんや子どもの強い感情表現（嘆きや喜びなど）に不安を感じます。自分自身の感情が制御できなくなるのを恐れているからです。

子どもの生き生きとした感情が、親にとっては非常に恐ろしいものになります。そういった親が、子どものだらしなさを恐ろしいものとみなすのは、乱雑さに圧倒されるのではないかという恐怖が引き起こされるからです。しかし、無意識のレベルで最もよく感じているのは、彼ら自身の内面に抱えた混乱、

封じ込めすぎて処理されていない、未消化の感情による混乱がもたらす脅威です。それらは、乱雑な子ども部屋への過剰な反応と憎悪という形で放出されることが多いのです。ある母親は、こう言いました。「キッチンの床いっぱいに広がったビリーのおもちゃのせいで、叫びたくなるの。ドアについたジャムのしみひとつで、激怒してしまうわ。血が煮えくり返る……まともじゃないってわかってるけど、でも……」。そして、悲しいことに、その子どもは整頓に対する親の執拗な欲求を内面化してしまうのです。

子どもは、親や教師など周囲の大人が感情を抑圧していることに影響を受けやすいものです。したがってそういった大人が、怒り、興奮、喜びなどの自分の感情を阻害し、自発的で自由なあるいは衝動的な力を抑えつけていると、残念ながらその子どもには、人間性の豊かな色彩はどんな形でも生まれてこないままになります。アン・アルヴァレズ（一九九二、一九九七）（児童心理療法家）は「引き出されていない(undrawn) 子ども」について、「引きこもった (withdrawn) 子ども」と対比しながら説明しています。

「感じてはいけない」「そう思ってはいけない」といった家族の信念体系や無言のメッセージは、世代を越えて伝わります。その信念体系によって、たとえば、女の子は美しく（すなわち装飾的で）あるべきで力強さは不要である、という家族の規範に合わせ、ある世代から次の世代へと、女の子の男性的な性質を捨てさせることもできます。同様に、男の子は女性的な性質を捨てるよう促されることで、優しく愛情深い感情を抱くことができなくなることがあります。

生きようとする方法としての強迫的行動と、過剰な整頓

強迫的な儀式行動と過剰な整理整頓の理由づけは、通常こんな感じになります。「もし私の外部世界を整理しようとすれば、内部世界が制御された感じをもっと味わえるだろう」。皮肉なことに、内部の混乱に外的な秩序を確立させようとすればするほど、内部の混乱のプレッシャーは強まります。このプレッ

シャーによって蓄積されたエネルギーは、ありとあらゆる神経症の症状として漏れてきます。したがって、「まっすぐ君」のようなたくさんの子どもに悪循環が生じます。強すぎる感情を抑えつけようとすればするほど、より苦しく強迫的で直線的な思いが生まれるのです。

「まっすぐ君」のような子どものなかには、非常に不安定な幼児期を過ごしていた者がいます。そのせいで彼らは不安定であり、激しい混乱や恐怖に近いレベルの不安を抱えており、幼児期に感じた苦しみに対して、十分な慰めや助けを得られませんでした。そして児童期には、幼児期から引き継がれた危険すぎる感情を退けようと強迫的行動をはじめます。赤ん坊がまだ自分の感情についてよく考えることができないほど幼いときの、「セルフホールディング」（自分で抱えること）の初期パターンは、後に整理整頓の儀式行動につながることが多いのです。

あまりにも危険すぎると思える感情に対して、誰からの助けも得られない「まっすぐ君」のような子どもにとって、強迫的な儀式行動やものごとを制御しようとする行動は、世界を安心なところにする唯一の方法と感じられることでしょう。他人が自分のために安心な世界を作ってくれるという確信がないので、自分で極端な方法をとらなければなりません。確認行動は何かへの執着の表われで、少なくとも周りの環境の一部だけでも予測できるもの、信頼できるものにしようとしているのです。電灯がついているか消えているかの確認行動の習慣をもつ若者はこう言います。「まるで電球やスイッチに執着しているみたいでしょう。こうすると落ち着くんだ」。

周囲の誰かを怖がっているため、自分を解放することを恐れる子ども

あまりにも脅えすぎているため、表現や自発的な行動ができない子どもがいます。そういった行動をするためには、自分の内面で自由を感じとる必要があります。威張り散らす独裁的な親や教師を怖がっている子どもや、批判や命令や虐待をたくさん受け続けてきた子どもにとって、人生はあまりにも深刻

すぎて、自由にのびのびと表現豊かにふるまうことなどできません。ある女性は、心理療法を受けて、子ども時代のことを思い出しました。親戚のひとりが、いつも彼女にこう言っていたそうです。「いとこを探し出して、その子が何をしていたとしても、〈それをやめなさい〉と言ってちょうだい」。それはずっと一族のジョークのようなものでしたが、時を経るうちに、そのいとこはどんどん内向的になっていったそうです。

親や教師が常に批判的で、軽蔑的威嚇的であった場合、その子どもは決して「開花」しません。外面的な生活においては成功を重ねているかもしれませんが、個性の発達という点で真に花開くことは難しいのです。怖い親をもった子どもは、強迫的行動を起こすようになります。想像上の危険を寄せ付けないために、儀式を作り出すわけです。そういった儀式は、親の恐ろしいエネルギーを防ぐために無意識に置き換わった行動です。それはまるで、「悪霊」の侵入を防ぐようなものです。

トラウマを受けたため、自己抑制をはじめる子ども

子どもが大きなショックや、トラウマ（心的外傷）を受けた場合、人生が制御できなくなったと感じることがあります。トラウマは、世界が安全な場所であるという感覚に揺さぶりをかけ、生きているうえでの安心感を根こそぎ揺るがせてしまいます。

多くの子どもは、その対処法として、ある秩序感覚を外部の世界に押しつけようとします。そのとき子どもの内部では、すべての感覚が揺るがされ、乱されてごちゃごちゃになっているのです。専門家は、近親姦の被害者はしばしば、「ただ何かをコントロールしたいがために、重要でないものをコントロールしようと試みる」と述べています（ブルーム、一九九〇）。そのせいで、ショックやトラウマを受けた後に、強迫的な儀式行動をはじめる子どもがいるのです。この儀式は、外部の現実を秩序づけ修復しようとする試みですが、子どもの内部世界ではすべてがばらばらに散らばっています。だからこそそんな子ども

にとって、誰かにせかされてじゃまされることなく、秩序づけの儀式を完璧にやりとげることが生死を分ける問題であるように感じられるのです。

しかし、儀式行動や強迫的な整理整頓行動は、一時的な安らぎしかもたらしてくれません。専門家の助けがなければ、トラウマによって生じた感情は未処理のまま残り、それが処理されない限り神経症の症状も持続するでしょう。

助けを得られなかった場合、「まっすぐ君」のような子どもの将来はどうなるか

「まっすぐ君」のような子どものなかには、絶対的な秩序を備えた生活を送るようになる子がいます。過剰に整然とした窮屈な生活が魅惑的な習慣となるのです。しかし、ある時点で反逆を起こす子どももいます。過剰にコントロールされ、やっかいな感情が許されないような家庭では、あまりにも息苦しく拘束的に感じられ、ある時点で、感情の拘束衣に対する強い反発が生まれるのです。

過剰に整然とした子ども時代からの脱出は、青年期の、爆発的な独立心の出現やシステムへの反抗、ホルモンの急激な変化、身体的変化、感情の大きな揺れや衝突、初めての性体験などとともに起きるケースが多く見られます。時には、その青年がセックスやドラッグを試みるとき、家庭の厳しく抑圧された体制に対する脅威が最高潮に達することがあります。それによって、家族が離散することもあるでしょう。悲しいことに、秩序がもろすぎる自己を束ねていた場合、この崩壊がその青年自身の神経衰弱をもたらすことがあります。

自分を強く抑制した子どもは、その反動からか、後々の人生で混沌としたものに引きつけられることがあります。問題はその過程で、あたかも失った時間を埋め合わせようとするかのごとく、混沌を必要以上に味わい、過剰な飲酒、危険運転、薬物の乱用、野宿など、危険の多すぎる生き方を選択してしま

う者が出てくることです。多くの人間が傷つくような複雑な婚外恋愛や、金銭問題、責任問題によって自らの「混沌の欲求」を満たそうとする者もいます。

第3章

『ゆらゆら君とまっすぐ君』を子どもに読み聞かせた後に

この章では、『ゆらゆら君とまっすぐ君』を子どもに読み聞かせた後に話してみたり、やってみたりするためのアイデアをご紹介します。ここで紹介されている課題やゲームは、絵本のお話を読んだ子どもが、そこで抱いた感情を自ら考え、表現し、さらには自分自身の感情をも消化できる手助けとなることを目的に作られたものです。

これまで述べてきたとおり、子どもは、自分の感情を日常の言葉でなかなか言い表わせないものですが、そんな自分の気持ちを、別の方法で表現したり、演じたり、絵に描いたり、行動に表わしたりすることは得意です。ですからこの章の課題の多くは、創意工夫のある、想像力を駆使した楽しい表現方法を紹介したものになっています。

子どもを質問攻めにして怖がらせることのないよう、課題には工夫がなされています。たとえば、空欄に印を付けたり、選択肢の中から絵や言葉を選ぶだけですむ課題もあります。

注意　これらの課題やゲームは、最初から順番にこなしていく必要はありません。また、一度にすべての課題を子どもにやらせると、分量の多さに子どもが圧倒されてしまいますから、子どもの年齢、その課題内容が利用できるかどうか考慮しながら、特に適当と思われるものをいくつか選んでやらせてみてください。〔課題のアミがけ部分は子どもへの指示です〕。

☆　「ゆらゆら君」、あるいは「まっすぐ君」と同じように感じる

「ゆらゆら君」のように感じることがありますか。 それはどんなときですか。

「まっすぐ君」のように感じることがありますか。 それはどんなときですか。

☆ ここちよいと感じる場所

「ゆらゆら君」と「まっすぐ君」は、水たまりの世界を見つけたとき、とても気分がよくなりました。

◎ 自分が行きたい場所、もっと幸せで、もっといい気分になれると思う場所の絵を描いてみましょう。本当にある場所でも、想像する場所でもかまいません。
◎ その場所にいる人たちはどんな感じですか。
◎ その人たちは、どんなふうにそばにいてくれますか。
◎ その人たちは、どこかへ連れて行ってくれますか。
◎ その人たちは、何を話してくれますか。

☆ 水たまりの世界を訪問するなら

◎ もし自分が水たまりの世界へ行けるとしたら、「しずか池」と、「くすくす池」のどちらに行きたいですか。
◎ それはどうしてですか。
◎ そこで何をしますか。絵に描くか、言葉で話してみましょう。

☆　人生を庭にたとえたら

◎　もし、あなたの人生がひとつの庭だとしたら、どんな庭になるでしょう。植物の生い茂った庭、きちんとした庭、雑草だらけの庭、花がいっぱいの庭、何も育たない庭、とても高い塀が太陽をさえぎっている庭？
◎　では、それを絵に描いてみましょう。
◎　庭になった人生の、どの部分を変えたいですか。
◎　庭になった人生の、どの部分はそのまま残しておきたいですか。

☆　ゆらゆらと揺れる感じ

絵の具や粘土などを用意して、実際に子どもが紙の上を思い切りぐちゃぐちゃにできるようにします。

◎　この紙に、ゆらゆらと揺れるゼリーのような、混乱した感情を表現してみましょう。
◎　終わったら、どんな気持ちになりましたか。
◎　心の中で、こんな感じがしたことがありますか。
◎　もしあるなら、その感じは、この絵よりももっと激しく混乱していますか、それとも、それほど混乱していませんか。

☆　整頓されすぎた感じ

◎　きちんと整頓された形を作ってみましょう。
◎　終わったら、どんな気持ちになりましたか。
◎　心の中で、こんな感じになったことがありますか。
◎　もしあるなら、その感じは、あなたが描いた形よりももっときちんと整頓されていますか、それとも、それほど整頓されていませんか。

☆ 心配でゆらゆらと揺れる心

心がゆらゆらと揺れている、心配が多すぎるなどと感じているとき、何を思い出しますか。下にあてはまるものがあれば、❑の中に印を付けてください。また，思い浮かんだことを絵にしてみましょう。

❑ もつれた毛糸
❑ ゆらゆらしたゼリー
❑ 大きな、きたない池
❑ 電話のベルや、赤ちゃんの泣き声、車のクラクション、人びとのどなり声、犬が吠《ほ》える声など、すべてが同時に聞こえる。
❑ 持っているものを落として、それがそこらじゅうに散らばったような感じ
❑ たくさんのコウモリや蛾がすごいスピードで飛び回り、物にぶつかっている。
❑ 今にも割れたりひびが入ったりしそうな、とても薄いガラスのようなもの
❑ 探し物も見つけられないような、ひどく散らかった部屋
❑ ふちまでいっぱいにつまったゴミ箱
❑ 割れてたくさんの破片になったもの
❑ 植物の生い茂った庭
❑ すばやく点滅する明かり
❑ テーブルから落ちた紙の束
❑ 解体現場
❑ 嵐や台風

もし、これらのどれにもあてはまらないようなら、自分の心の中が心配で揺れていると感じるときのイメージを絵に描くか、文章にしてみましょう。

☆　頭の中にいる大人

絵の中のどんな大人が、あなたの頭の中にいますか。❏の中に印を付けてください。考えたくないのに、しょっちゅう思い浮かべてしまう人はいますか。あなたの頭の中にいる人は、

- ❏　①　大声を出している。
- ❏　②　優しくて親切
- ❏　③　自分よりも他の子のほうが好き。
- ❏　④　温かくて感じがよく、この世界に存在するのがとても安全だと思わせてくれる。
- ❏　⑤　恐ろしい
- ❏　⑥　ちょうど「水たまりのお妃《きさき》さま」のように、心が乱れているときには落ち着かせ、いい気分にしてくれる。

このなかの誰がいちばん不安な気分にさせ、誰がいちばん不安を感じさせないようにしてくれますか。

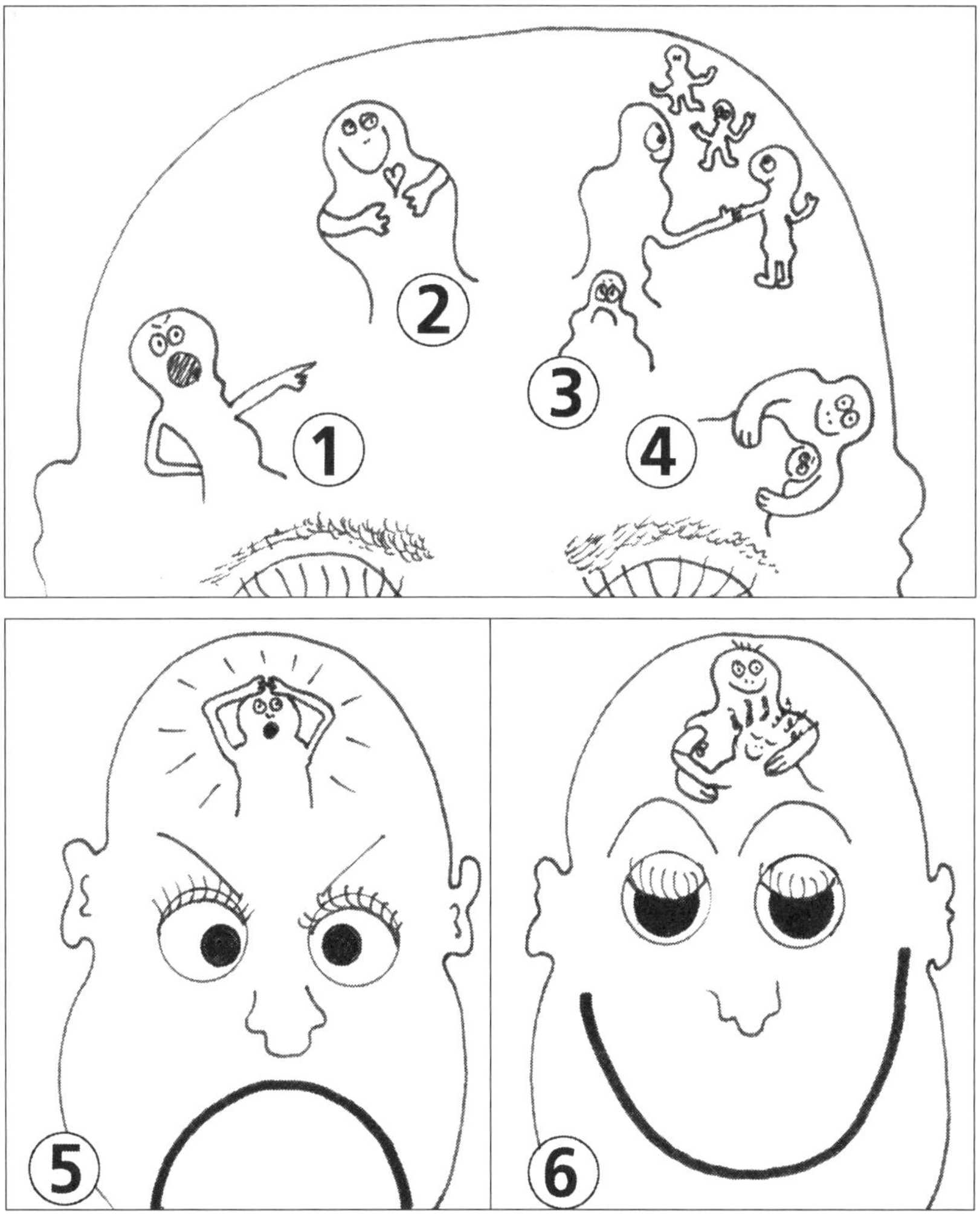

図９
頭の中にいる大人

☆ ゆらゆらした自分と、ゆらゆらしていない自分

◎ ゆらゆらと心が揺れているとき、どんな気分ですか。
◎ その気分を粘土で表現してみましょう。
◎ その気分を動きで表現してください。
◎ その感じを音楽で表現してみてください。
◎ そんな自分を絵に描いてみましょう。
◎ 心がゆらゆらしていないとき、どんな気分ですか。
◎ その気分を粘土で表現してみましょう。
◎ その気分を動きで表現してみてください。
◎ その感じを音楽で表現してみてください。
◎ 心の中がゆらゆらしていない、いい気分のときの自分を絵に描いてみましょう。

☆ 名前のない感情

次の課題は、名前のない強い感情を子どもが表現するのを助けるためのものです。それらは名前がないために、はるかに恐ろしく感じられます。

◎ 正体や名前がわからない感情に悩んでいませんか。もしもそういった名前のない感情を抱いているなら、それを感じているときの気持ちを絵に描いたり、打楽器でその感情を表現したりしてみましょう。

◎ それは激しい感情ですか、それとも静かなものですか。

◎ それは優しい感情ですか、それとも厳しい感情ですか。

◎ その感情は、あなたをいい気分にさせてくれますか、それともあなたに悪い気分をもたらしますか。

◎ その感情を場所にたとえるとしたら（たとえば、にぎやかな町、砂漠、恐ろしく臭いトイレなど）、どんなところですか。その絵を描いてみましょう。

☆ 一緒にいると、すてきな音楽のように思える人

◎ 心から一緒にいたいと思う人のことを考えてみてください。

◎ その人のエネルギーを描いてみましょう。

◎ それは穏やかで静かなエネルギーですか、それとも生命力に満ちたエネルギーですか。

◎ そのエネルギーをどんなふうに表現しますか。

◎ 打楽器をたたいて、その人といっしょにいるときの気分を表現してみましょう。

◎その感情を、身ぶりで表わしてみましょう。

☆ 心配の袋

この課題は、治療用子ども向け絵本の傑作『でっかいでっかいモヤモヤ袋』というお話から直接ヒントを得たものです〔Ironside, 2004, *The Huge Bage of Worries*〕。

◎ 「ゆらゆら君」が心配なのは、自分が住んでいる世界がゆらゆらしていることです。では、あなたが心配なのはなんですか。

◎ モヤモヤ袋を作って、自分の心配ごとを小さなメモに書き、モヤモヤ袋の中に入れましょう。

◎ その袋に入れたメモは、自分が助けてもらいたいことです。

◎ モヤモヤ袋を安全なところに置いておきましょう。心配ごとのひとつが終ったらメモを二重線で消して、「ふう！　安心」と名づけた別の袋に入れましょう。

☆ 自分の心配事のそばに

◎ 自分の心配事と、自分の絵を描きましょう。

◎ 心配事によって、あなたは何をされていますか。たとえば、攻撃をされたり、おぼれさせられたり、心配事のなかに迷い込まされたりしていますか。

◎ 自分の心配事と並んで座っているところを想像してみてください。あるいは、心配事の上を高く飛び、自分の一生を見下ろしているところを想像してみましょう。そうすれば、自分の心配事など、ほんのちっぽけなものに見えるはずです。あるいは、川を下るボートのように、心配事と一緒に流れていく様子を想像しましょう。風にしなる枝は、決して折れません。

◎ それらの想像のなかで、いちばん好きなものを描いてみましょう。自分の心配事を絵にしてみましょう。

【不安を抱えた子どもにとって、自分の心配事と違った関係をもつことを積極的に想像するのは、本当に心強い助けとなり、心配事を小さくすることにもなります】

「まっすぐ君」のような子どものための課題

☆　くすくす池

この課題は、「まっすぐ君」のような子どもが感覚の世界に戻り、幼児のように、水や砂、粘土など（使えるものはなんでも）を試すためのものです。しかし、「まっすぐ君」のような子どもには、この誘いは拒絶されるかもしれません。散らかす遊びは、あまりにも脅威的なものとみなされるからです。そんなときには、課題のレベルを下げましょう。たとえば、ただ「くすくす池」を描くだけとか、それを粘土で作るだけにします。

砂場に「くすくす池」を自分で作ってみましょう。ただし、ものすごくおもしろい、自分だけの特別なものにしてください。ここに水、ピンポン玉、マシュマロ、風船、粘土、指絵の具、土、泡、プラスチック粘土、葉っぱなどがあります。好きなものを何でも使ってかまいません。

☆　クッションの上の「ゆらゆらゼリー」

この課題は、「まっすぐ君」のような子どもが、頭の中の世界に生きるのではなく、自分の体の世界、身体的感覚の世界に戻る手助けをするものです。それは、クッションの山のような柔らかで安全なものに自分を解き放つ練習でもあります。この場合も、もしクッションが怖いようなら、課題のレベルを下げて、たとえば大きなビーチボールに乗ってころがるとか、枕投げとか、クッションを抱えてお互いにぶつかり合うといったものに変えましょう。「ゆらゆらゼリーごっこ」をするときには、まず、あなたが楽しくて安全なものであることをやってみせなければなりません。「まっすぐ君」のような子どもは、たやすくからっぽの気分になり、当惑したりさらし者のような気分になったりしてしまうからです。そういった子どもは、ほとんどそんな経験をもたないので、大人が自分を解き放って見本を示すことが必要です。子どもにやらせて、大人は見ているだけ、というわけにはいきません。この課題はまさに、「一緒にやる」経験なのです。

最後に、「まっすぐ君」のような子どもは、コントロールを取り戻そうとして、すばやく立ち上がる傾向があります。だから、クッションの上に、だらっと横になっているように勧めてあげましょう。

大きなクッションの山があります。そこに飛び込んでもいいし、ころがってもいいし、投げ合いっこしてもかまいません。

あるいは、

「ゆらゆらゼリーごっこ」をしましょう。ゆらゆらしたゼリーのように倒れて、激しく揺れ動いて、最後にはひっくり返るのです。

☆　まっすぐな線のような気分になったことがありますか

「まっすぐ君」のように、まっすぐな線のような気分になったことがありますか。

下の絵のような気分になったことがあるなら、また人生とはその絵のようなものだと感じたことがあるなら、その絵に色を塗ってみましょう。

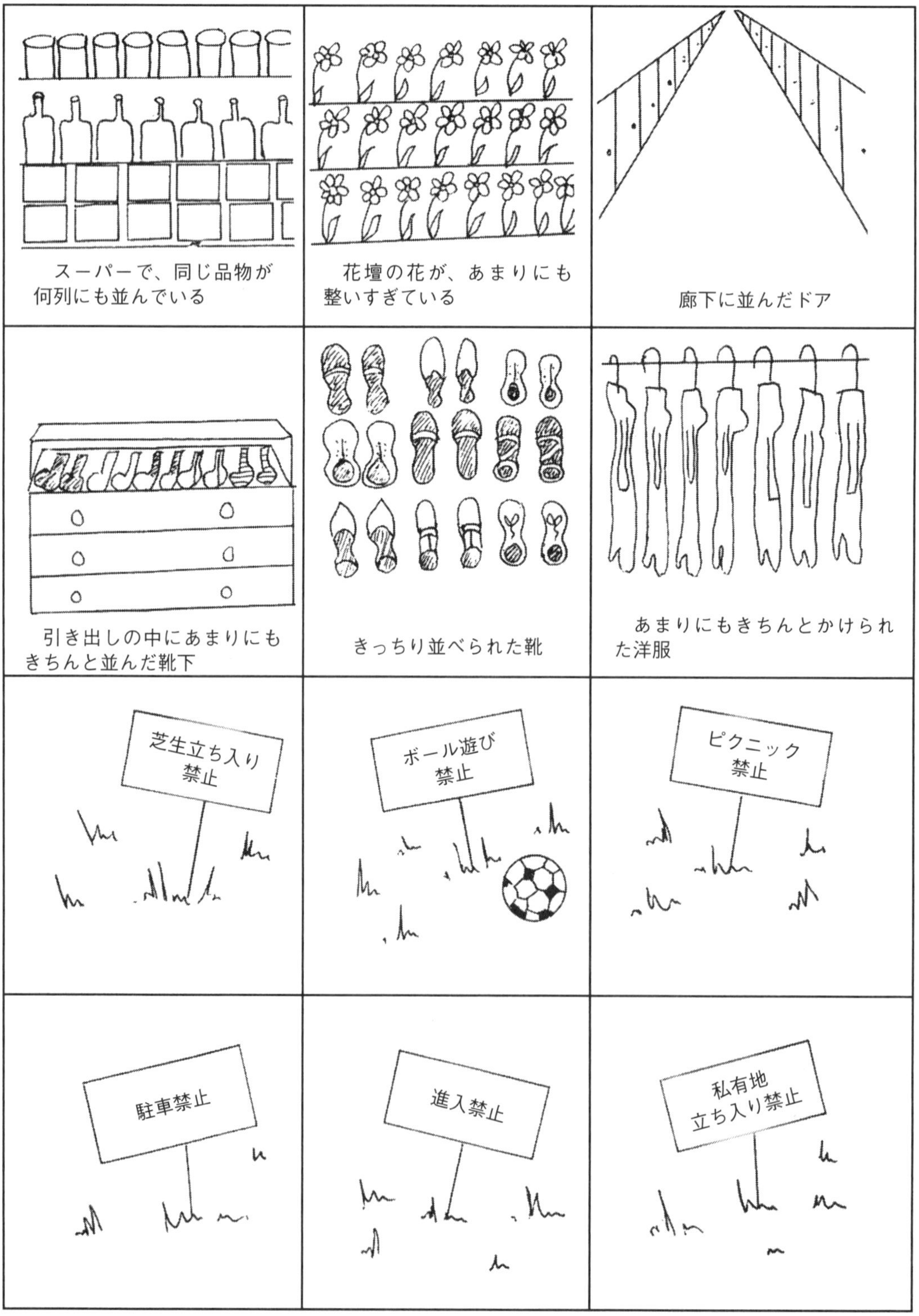
スーパーで、同じ品物が何列にも並んでいる
花壇の花が、あまりにも整いすぎている
廊下に並んだドア
引き出しの中にあまりにもきちんと並んだ靴下
きっちり並べられた靴
あまりにもきちんとかけられた洋服
芝生立ち入り禁止
ボール遊び禁止
ピクニック禁止
駐車禁止
進入禁止
私有地立ち入り禁止

図 10　まっすぐな線の世界

☆　はしゃいだ感じ

この課題は「まっすぐ君」のような子どもがもっとゆったりした自由な生き方を試し、愉快ですばらしく、あるいはばかげた想像を通じて、想像力とユーモアに富んだ創造的な世界に入っていけるように考えられています。遊びや楽しみから遠ざかっているような子どもが自発的に遊びに戻るのを待っていると、時間がかかるかもしれません。しかし、次に挙げる課題を調整して、子どもの当惑を最小限に、楽しみを最大限にしましょう。

次に挙げるようなものの感じを絵に描いたり、その音を出したり演奏してみたり、その動きを体を使って表現してみたりしましょう。

- ◎　**滝**
- ◎　**遊園地の滑り台**
- ◎　**大きなげっぷ**
- ◎　**牛のふんのところに立っている。**
- ◎　**木から落ちるリンゴ**
- ◎　**歌うソーセージ**
- ◎　**スコットランドの陽気なダンス**
- ◎　**草の茂った土手を転がり落ちる。**
- ◎　**「くすくす池」にいるところ**
- ◎　**泥だらけの沼**

☆ 自分たちには、できる

これは、「まっすぐ君」のような子どもに、誰かと一緒にいて楽しいとはどんなことか、生き生きとして、自由に創造的でいるとはどんなことかという本物の感覚を与えるすばらしいゲームです。ふたり以上の人間が、創造的な活動やアイディアを通じて十二分に刺激を受け、陽気になれるときは、大人と対等です。まじめすぎる生き方に行き詰まっているような子どもには、おふざけをやってみることが非常に効果的な転機となるでしょう。

このゲームは、「はい、わたしたちは～できます」という言葉を作る遊びです。「～」の部分には、なんでも頭に浮かんだことを言ってください。
「はい、わたしたちは、一分間に五百本のバナナを食べることができます」でもいいですし、「はい、わたしたちは、月へピクニックに行くことができます」と言ってもかまいません。言い終わったら、一緒にその様子を、好きな身ぶり表現でまねしてみましょう。次はわたしの番です。わたしが「はい、わたしたちは～できます」と言うと、今度もいっしょにそれをやってみます。次はあなたの番、その次はまたわたしの番です。

「はい、わたしたちは～できます」の身ぶりをするのは、それぞれ三十秒ほどにしてください。こうすることで、勢いがつき、まごつきを最小限におさえられます。

☆　きっちり三十秒の「一緒に……しましょう」

この課題は、創造的な活動を一緒にすることで、まじめすぎる子どもを楽しい世界に招くためのものです。次に挙げた活動のどれを選んでもかまいません。それらを実際にやってもいいし、まねをしたり、想像したりするだけでもいいのです。この課題で大事なのは、すばやくやることです。それぞれの活動には、きっちり三十秒しかあてません。これは、子どもの心の中に、「だめだよ」「汚なすぎるからやっちゃだめ」「ばかみたいだよ、やめなさい」「やっちゃだめ、恐ろしいことが起きるだろうから」といった、気持ちをへこませるような、まじめすぎる声が生まれてこないようにするためです。

◎　土や砂、泥、粘土で、泥のパイを作りましょう。

◎　粘土や土、水を加えたケーキミックスで、紙の上をぐちゃぐちゃにしましょう。しめったかたまりに指を入れたり、にぎりしめたり、ぱたぱたと叩いたりしましょう。

◎　指で絵を描きましょう。

◎　これから何を描くのか考えずに、絵を描きはじめましょう。

◎　手ではなく、足で絵を描きましょう（靴下を脱いで、足の指に鉛筆をはさみます）。

◎　流し台で魚雷艇ごっこをして、紙で船を作りましょう。

◎　シャボン玉を吹きましょう。

◎　ねばねば、べとべとした食べ物を、一緒に指で食べましょう。

◎　ほかに、どんなことをやりましょうか。

☆ 周りの人びとのエネルギー

この課題は、周りにいる人びとのエネルギー状態に対し、子どもの意識を高めるためのものです。たとえば、子どもは無意識のうちに、うつ状態の母親や、心配性の父親のエネルギーをモデルにしています。この課題は、子どもが精力的な生き方を実験し、練習するためのものでもあります。

たとえば、子どもはシンバルをたたいて大きな音を出すのを心から楽しむかもしれません。そうやって、より自信に満ち、肯定的な生き方の練習をするのです。新たなエネルギーを維持する助けとして、あなたは子どものそばで楽器を弾きたくなるかもしれません。

こういうことも、「まっすぐ君」のような子どもにとっては、ほとんど味わったことがないような、豊かな生命力を分かち合う興奮に満ちているかもしれません。子どもは、その感覚を実際に味わえるでしょう。

ただ、この遊びで、子どもに無理強いしないように気をつけてください。それよりも、子どもの動きを徐々に大きくさせるように心がけましょう。情動エネルギーの概念を子どもに説明するには、実演してあげるといいかもしれません。

◎ 自分の周りにいる大事な人びとの、さまざまなエネルギーを教えてください。

◎ ひとりずつ順番にやってください。

・そのエネルギーを動きで表現する

・音楽で表現する

・絵に描く

◎ 自分のエネルギーは、その人たちのエネルギーからどんな影響を受けていると思いますか。

・いつも感じている、自分自身のエネルギーについて、同じ表現をしてみましょう。

・そのエネルギー状態の良いところは、どこでしょうか。

・そのエネルギー状態の良くないところは、どこでしょうか。

◎ 自分のエネルギーがどんな状態であってほしいかを、楽器で表現してみましょう。

いつも退屈だと言っていたテッサは、母親のエネルギーを「くたくたになった糸」、父親のエネルギーを「静かな湖」、自分自身のエネルギーを「ラードのつぼ」として絵に描きました。

☆　解放されること、しがみつくこと

子ども（そして大人も）が「本当に解放されたいんだ」と口にするときには、「解放されたいけど、まだしがみついていたい」という意味であることが多いのです。それは、これまで見てきたように、「まっすぐ君」のような子どもは、解放されたときに、なにか恐ろしいことが起きる場合があると感じているからです。ですから、この課題は、子どもにそのどちらの欲求にも気づかせるものです。

◎　もし鳥のように自由になって、なんでも好きなことができ、叱られないとしたら何をするか、絵に描いてみましょう。

◎　何をやりますか。

◎　それはどんな感じだと思いますか。

◎　それはどれくらいすばらしい感じですか。

◎　それはどれくらい恐ろしい感じですか。

◎　今度は、自由に解放されないとき、どんなことも決められた方法で行うときの絵を描いてみましょう。

◎　退屈を感じているときの気持ちを絵に描いてみましょう。

◎　「まっすぐ君」に似た気持ちになっているときを絵にしてみましょう。

☆　きびしい人と、反抗的な子ども

この課題は、いい子すぎる子どもに有効です。

わたしがきびしい大人の役をします。あなたは、わたしがやりなさいと言うこと全部に、「したくない」「いや」「できない」などの答えをしてください。

なにかをほしがったり、なにかをさせたがっている大人に、「はい」のかわりに「いいえ」と言うのはどんな感じですか。

「まっすぐ君」のような子どもが突然、台無しにされた生命力を再び発見して、生きはじめるとき

「まっすぐ君」のような内気な子どもが、自分の躍動的な生命力を発見するときには、それが建設的にではなく、怒りや反抗や破壊となって現れることがあります。それはときどき、生命力や創造的な活動として急激な噴出を起こすこともありますが、その反対に、制御の効かない激情や怒りとなって噴出することもあるのです。

トラウマのせいで不安定になっている子どもの話の聞き方

「この子はこう感じているに違いない」と思う気持ちを口に出さずに、ただ子どもの話に耳を傾けましょう。たとえば、「自分を置いて去って行ったパパのことを、きっとものすごく怒っているだろう」といった思いです。その子はまったくそんなことを感じていないかもしれないのですから。ただ話を聞くだけにして、自分だったらどう思うかなどということを、告げたりはしないようにしましょう。子どもの心理が自分と同じだと推測しないようにするのは難しいことかもしれません。

アドバイスを与えたり、「ほら、あなたがやらなければいけないのはね……」と言ったりしないで、子どもの感情がどれほど苦しみに満ちていても、そばに寄りそっていてあげられなくてはなりません。右のようなことを口にしてしまうと、子どもは自分の感情ではなく、行動のことを考えはじめます（それであなたの気分は良くなるかもしれませんが、子どもの感情は阻害されてしまうかもしれません）。また、厳しく問い詰めたり質問攻めしたりせずに、子どもの話に耳を傾けなければなりません。

共感的な反応を示して、その出来事を子どもがどう捉えているかをほんとうに理解したことを示しましょう。子どもがどのような見方をすべきかを言葉で告げたり、ほのめかしたりしてはいけません。子

どもは絵を描いたり、お話を演じたりすることで、表現するかもしれません。それに対しては、直接的な表現よりも、お話、的確なたとえ話などで答えて共感を示してあげるほうがよいのです。

人間は感情を実際に感じることなく、その感情について何時間も立て続けに話すことはできますが、それによってトラウマの影響から解放されるということはないでしょう。ですから、聞き手は、非常にゆったりと、共感的で怖がらせないような態度で子どもに接する必要があります。そうしてあげることで、子どもは安心感を覚え、泣きわめいたり、震えたり、叫んだりして、自分が感じる恐怖を吐き出すときであっても、自分の感情の激しさに耐えることができるようになるのです。

第4章

不安を抱え、自由になれない子どものための さらなるカウンセリングや心理療法

「ゆらゆら君」のような子どものカウンセリング

カウンセラーやセラピストは、子どもが内部の混乱した感情を整理するように手助けすることができます。そもそもどうしてこうしたもつれが起きてしまったのか、それを理解する手助けもできます。動揺を隠すためのいつわりの落ち着きではなく、真の落ち着きを内面に備えたカウンセラーやセラピストと不安定な子どもが会うことができれば、その子は次第にその経験を深めて、自分の気持ちを鎮める機能を発達させることができるでしょう。これは、その子自身のストレスや緊張状態を和らげ、自分を落ち着かせることができるということです。あるいは、自分を落ち着かせてくれる人を見つけなければならないときに、その人のもとへ行けるということでもあります。

もし誰かが、不安な子どもに手を貸し、子どもがはまりこんでもてあまし、圧倒されている感情を処理する助けになってやれば、子どもは大きな安心を味わえます。共感してくれる人がいれば、子どもは感情体験にただ押し流されるのではなく、つながりを感じることができるのです。

ここまで述べてきたとおり、不安定な子どもは、正しく処理し、消化することが困難な感情でいっぱいになっています。子どもがそれらを消化するためには、手助けしてくれる人が必要です。家でも学校でも、そういった助けが得られなかった子どもは、大人になったときに薬物やアルコール、喫煙によって自分を落ち着かせようとするかもしれません。子どもが不安定な感情に苦しみつづけているとき、心理療法やカウンセリングによって、その不安の底に常に存在する強い感情を見つめるための、安全な場所を提供することができます。

自分自身の感情の迷路のなかで迷子になったり、打ちのめされたりしたとき、そのつらい感情を真に理解してくれ、親身になってずっと考えてくれる人と一緒にいることは、強い安心感をもたらします。

その人は、自分では耐えられないと思われるような、激しい混乱や不安にも耐えられるのです。そういった助けによって、子どもはより強い自己を築くことができます。たとえば、精神分析家のウィニコット（一九八〇）は、児童心理療法のクライエントのひとりについてこう述べています。「ガブリエルは今、泥や埃《ほこり》……失禁や狂気に耐えるわたしの能力に満足しはじめている」。それはすなわち、子ども自身も、以前よりもうまく対処できるようになったということです。

子どもが心的外傷後ストレスのせいで不安定な場合は、カウンセリングや心理療法が重要です。大きなトラウマを処理し、いつまでも取りつかれないようにするには特別な注意が必要なのです。したがって、高い技術を備えたカウンセラーや心理療法家が通常は必要となります。

「まっすぐ君」のような子どものカウンセリング

時には、心理療法を受けないまま、内面の迫害者――「～すべき」とか「してはならない」とかいう心の中の思い――の支配を受けつづけることがあります。イエズス会修道士の「五歳までの子どもをよこしなさい、わたしたちはその子を一生育てましょう」という言葉のように、子どもは何も考えずにそれらに従い、抵抗を試みないため、こうした締め付けはあまりにも強いものになっていきます。もしも子どもが、自分の燃えさかる感情をあまりにも長い間放っておいたら、その火は消えてしまうでしょう。

従順で、強い感情から身を守り、いつもいい子でいて、計画を台無しにしないよう振る舞うことに関連するような、幼い頃からの条件づけや習慣によって、子どもの脳の一部に強固な配線ができあがってしまうことがあります。このように確立された生き方を壊すのは非常に難しいものなのです。しかし幸いなことに、力強く豊かな良い関係を経験することで、情動脳より高次の部分に、新たな神経回路が作られ、変化が起きることがあります。セラピストはそういった経験を提供することができるのです（シーゲル、一九九九／ショア、一九九四）。

☞ 心理療法は、患者とセラピストのふたつの遊びのエリアが重なり合うところに発生する。心理療法は、一緒に遊ぶふたりの子どもと関係がある。この原理はすなわち、遊びが不可能な場合、セラピストの仕事は、患者が遊べない状態から遊べる状態にすることに向けられるということだ。

（ウィニコット、一九七一）

監訳者あとがき

子どもにとって、感情を言葉で伝えることは難しい。自分が体験している生々しく、鮮やかな感情を説明する言葉をまだ十分に持ち合わせていないからである。また、自分の感情を客観的にとらえてそれを理解し、処理する力が備わっていない。子どもの身近にいる大人の多くは、このことをわかっており、子どもが伝えようとする思いを察したり、子どもの気持ちを代弁したりして、感情の処理を手伝っている。しかし、内に湧きあがる感情が強く激しく、つらく困難で、深刻なものであればあるほど、子どもはその感情に圧倒されて混乱し、それを伝えることができず、その状況をうまく乗り越えることができなくなる。

処理されないままの感情が蓄積すると、心身の不調や、自分自身や他人を傷つける行動という形で症状を現わしやすい。心身や行動の変調の背景に心の問題があることに気づかれないことも多い。子どもは夢や遊びのなかにもこうした感情のテーマを繰り返し表現しているが、身近な大人に気づかれないこともある。

本シリーズ「子どもの心理臨床」は、このような強く激しい感情、つらく困難な感情に苦しむ子どもたちを助けるためにある。ここでは、恐れや怒り、憎しみ、不安、大切な人を失った悲しみ、自信がもてない、感情を押し殺す、心を固く閉ざす、愛する人を待ちわびるなど、子どもにとっては処理することの難しい感情のテーマを扱っており、感情のテーマごとに、絵本と解説書がセットになっている。絵本は、三、四歳から十二歳ごろまでを対象としており、自分の感情を言葉ではうまく伝えることのできない子どもに、物語を通して心に深く語りかけようとするものである。これには、感情が日常の言葉で直接的に表現されるよりも、物語のなかに暗喩（メタファー）として表現されるほうが、子どもにとっては理解しやすいという理論的な背景がある。すなわち、子どもと大人とでは、感情を表現する言語が異なるということである。日常の話し言葉で直接的に感情を表現することには限界があるのに対して、物語の世界では想像力を働かせて、象徴的に、色彩豊かに、活き活きと感情を表現することができる。

ここで、シリーズの解説書の構成を示しておこう。解説書にはまず、さまざまな感情を背景として、子どもに現われやすい症状や行動の変化が示されている。心身や行動に変調をきたしている子どもの背景にある、処理されないままの感情は何か。子どもの夢や遊びのなかに繰り返し表現される感情のテーマは何か。子どもに接する大人が、焦点を当てるべき感情のテーマに気づき、それを見極めるのに役立つだろう。

次に、それぞれの感情のテーマに沿った心理学的、精神分析的、神経生物学的な知見が示されている。子どもがある感情を抱えているときに、子どもの心はどんな状態にあるのか、その心の状態はどのように解釈されるのか、子どもの脳内ではどんな神経伝達物質が働き、どんな神経回路が機能不全に陥っているのか、が解説されている。こうした知識は、子どもの感情をより深く理解する助けとなるはずだ。

解説書には、著者が心理療法を担当した子どもたちが実際に描いた絵や、彼らが作った箱庭のイメージ、彼ら自身が語った物語が収められている。自分の思いを伝えられずに苦しみ、抑えきれない感情に圧倒された子どもが、どのような物語やイメージを用いて感情を表現するのかがわかる。火山が爆発して街がめちゃくちゃになる話、次々に人が殺されていく話、邪魔が入ってなかなか目的地にたどりつけない話、人を助けようとしているのに誰も助けることのできない話。子どもの物語のなかに描かれる感情は鮮やかで激しく、生々しい。こうした物語のなかに暗示された感情を治療者がどのように受け止めたか、さらに、処理されないままの感情に苦しんでいた子どもが、治療者の助けを借りて自分の感情を理解し、うまく処理できるようになっていく経過も示されている。

解説書の後半部には、子どもが絵や遊びのなかに感情を表現するように計画された課題やゲームが提示される。これらの課題やゲームは、創意と想像力に富み、遊びの要素を含むもので、子どもは大人と一緒に楽しみながら、自分の感情について思い巡らし、物語という形で自発的に感情を言葉にして大人に伝えられるようになる。

読者は本シリーズを用いることで、大人から子どもへのコミュニケーションとして「絵本を読み聞かせる」「感情のメッセージを物語にして話し聞かせる」ことができ、子どもから大人へのコミュニケーションとして、絵や箱庭、遊びのなかで言いたいことを行動に表わし、物語として感情を伝えることができるようになるはずだ。感情体験に苦しみ、混乱している子どもに、自分の感情について考え、感情とつながりをもつ機会を与えることができる。

☆　☆　☆

子どもが安心して感情を表現できるようになるためには二つの条件がある。すなわち第一に、子どもの物語に耳を傾け、想像力を働かせて、子どもが何を見ているのかを共感的に理解しようとする大人がそばにいることである。子どもの心の問題にかかわろうとする大人は、本シリーズの解説書を読むことで、子どもが抱える感情について深く理解し、子どもの物語を聴く心構えができるだろう。第二に、自分が感情を表現しやすい方法が子どもに与えられていることである。解説書には、子どもが感情を表現するための具体的なアイデアが溢れている。大人が子どもに何をすればよいか、どう話しかければよいか、具体的に記されているので、すぐにでも子どもと一緒に取り組むことができるだろう。

子どもが何らかの感情を抱えて苦しんでいることに大人が気づき、それにかかわろうとして取り組んではいるものの、うまく事が進まなくて行き詰まりを感じることは少なくない。そんなときに本シリーズは、子どもにも大人にもヒントを与え、解決の糸口を見つける手助けをすることができるのではなかろうか。子どもの話を傾聴し、理解しようとする大人の助けがあれば、感情を押し殺したり、心を閉ざしたりしていた子どもは、考えないようにして避けていた自分の感情について考えられるようになる。それを象徴的な物語として間接的に表現することを通して、感情を処理し、解決することができる。子どもの心の問題に取り組む現場で本シリーズが活かされ、子どもたちとその家族、子どもの心の臨床にかかわるすべての方々が幸せになることを願ってやまない。

監訳者　関口　進一郎

邦訳文献

・M・アーノルド「鎮魂歌」『マシュー・アーノルド詩集――二つの世界の間に』村松眞一訳、英宝社、2001 年
・アルヴァレズ『自殺の研究』早乙女忠訳、新潮社、1974 年
・キャロル『不思議の国のアリス』矢川澄子訳、新潮社、1994 年
・シェイクスピア『トロイラスとクレシダ』小田島雄志訳、白水社、1983 年

Nietzsche F, 1993, *The Sayings of Friedrich Nietzsche* (Martin S, ed) Duckworth, London.

Odier C, 1956, *Anxiety and Magic Thinking,* International Universties, Press, New York.

Panksepp J, 1998, *Affective Neuroscience*, Oxford University Press, New York.

Phillips A, 1996, 'The Disorder of Uses; A Case History of Clutter', Dunn S, Morrison B & Roberts M (eds), *Mind Readings – Writers' Journeys Through Mental States*, Minerva, London.

Quiller-Couch A, 1979, *The Oxford Book of English Verse 1250–1918*, Oxford University Press, Oxford.

Rilke RM, 1939, *The Duino Elegies*, (Leishman JB & Spender S, trans), WW Norton, New York.

Rowan J, 1986, *Ordinary Ecstasy: Humanistic Psychology in Action*, Routledge & Kegan Paul, London.

Rycroft C, 1988, *Anxiety and Neurosis*, Maresfield, London.

Salinger JD, 1951, *The Catcher in the Rye*, Penguin, Harmondsworth.

Schore A, 1994, *Affect Regulation and the Origin of the Self–The Neurobiology of Emotional Development,* Lawrence Erlbaum Associates. New Jersey.

Segal J, 1985, *Phantasy in Everyday Life: A Psychoanalytical Approach to Understanding Ourselves*, Penguin, Harmondsworth.

Shah I, 1966, *The Exploits of the Incomparable Mulla Nasrudin*, Picador, London.

Siegel DJ, 1999, *The Developing Mind*, The Guildford Press, New York.

Stern DN, 1985, *The Interpersonal World of the Infant*, Basic Books, New York.

Sunderland M, 1993, *Draw On Your Emotions*, Speechmark Publishing, Bicester.

Sunderland M, 2000, *Using Story Telling as a Therapeutic Tool with Children*, Speechmark Publishing, Bicester.

Thomas D, 1995, 'Under Milk Wood' in *The Dylan Thomas Omnibus*, Phoenix, London.

White A, 1979, *Beyond The Glass*, Virago, London.

Wickes FG, 1988, *The Inner World of Childhood: A Study in Analytical Psychology*, 3rd edn, Sigo Press, Boston, MA.

Williams G, 1997, *Internal Landscapes and Foreign Bodies*, Tavistock, London.

Winnicott DW, 1965, *The Family and Individual Development*, Tavistock, London.

Winnicott DW, 1971, 'Playing: A Theoretical Statement', in *Playing and Reality*, Tavistock, London.

Winnicott DW, 1980, *The Piggle: An Account of the Psychoanalytic Treatment of a Little Girl*, Penguin, Harmondsworth.

Freud S, 1917, 'General Theory of the Neuroses', in *Introductory Lectures on Psychoanalysis*, Vol 1 of *The Penguin Freud Library* (Richards A & Strachey J, eds, Strachey J, trans) (1973) Penguin, Harmondsworth.

Freud S, 1923 'Neurosis and Psychosis', pp209-18 in *On Psychopathology, Inhibitions, Symptoms and Anxiety*, Vol 10 of *The Penguin Freud Library* (Richards A & Strachey J, eds, Strachey J, trans), Penguin, Harmondsworth.

Freud S, 1926, 'Inhibitions, Symptoms and Anxiety', pp237–333 in *On Psychopathology, Inhibitions, Symptoms and Anxiety*, Vol 10 of *The Penguin Freud Library*, (Richards A & Strachey J, eds, Strachey J, trans), 1979, Penguin, Harmondsworth.

Glucksman M, 1987, 'Clutching at Straws: An Infant's Response to Lack of Maternal Containment', *British Journal of Psychotherapy*, 3(4), pp347–49.

Goldman D, 1993, *In One's Bones: The Clinical Genius of Winnicott*, Jason Aronson, Northvale, NJ.

Goleman D, 1996, *Emotional Intelligence*, Bloomsbury, London.

Hargreaves R, 1978, *Mr Worry,* World, Manchester.

Herman N, 1987, *Why Psychotherapy?*, Free Association Books, London.

Herman N, 1988, *My Kleinian Home: A Journey Through Four Psychotherapies*, Free Association Books, London.

Hopkins GM, 1985, *Poems and Prose*, (Gardner WH, ed), Penguin, Harmondsworth.

Johnson SM, 1994, *Character Styles*, Norton, New York.

Kahn MMR, 1991, *Between Therapist and Client: The New Relationship*, WH Freeman, New York.

Klein M, 1932, *The Psychoanalysis of Children,* Hogarth Press, London.

Kohut H, 1984, *How Does Analysis Cure?*, University of Chicago, London/ Chicago.

Kohut H & Wolf ES, 1978 'The Disorders of the Self and Their Treatment', *International Journal of Psycho-Analysis*, 59, pp413–24.

Little M, 1990, *Psychotic Anxieties and Containment: A Personal Record of an Analysis with Winnicott*, Aronson, Northvale, NJ.

McDougall J, 1989, *Theatres of the Body: A Psychoanalytical Approach to Psychosomatic Illness*, Free Association Books, London.

MacLeod S, 1996, 'The Art of Starvation', Dunn, S, Morrison B & Roberts M (eds), *Mind Readings – Writers' Journeys Through Mental States*, Minerva, London.

Maslow AH, 1971, *The Farther Reaches of Human Nature*, Viking Penguin, New York.

Miller A, 1990, *Thou Shalt Not Be Aware: Society's Betrayal of the Child*, Pluto, London.

Milner M, 1987, *The Suppressed Madness of Sane Men*, Tavistock, London.

引用・参考文献

Alvarez A, 1971, *The Savage God: A Study of Suicide*, Penguin, Harmondsworth.
Alvarez A, 1992, *Live Company*, Routledge, London.
Alvarez A, 1997, lecture given at 'Baby Brains' conference, Tavistock Clinic, London, July.
American Psychiatric Association, 1994, *Diagnostic and Statistical Manual of Mental Disorders: DSM-IV* 4th edn, American Psychiatric Association, Washington.
Andersen HC, 1994, *Hans Andersen's Fairy Tales* (Lewis N, trans), Puffin, Harmondsworth.
Auden WH & Kronenberger L, 1964, *The Faber Book of Aphorisms*, Faber & Faber, London.
Balint E, 1993, *Before I Was I: Psychoanalysis and the Imagination* (Mitchell J & Parsons M, eds), Free Association Books, London.
Balint M, 1955, 'Friendly Expanses – Horrid Empty Spaces', *International Journal of Psycho-Analysis* 36(4/5), pp225–41.
Bennett A, 1995, *The Madness of King George*, Faber & Faber, London.
Blume ES, 1990, *Secret Survivors: Uncovering Incest and its Aftereffects in Women*, John Wiley, Chichester/New York.
Bowlby J, 1973, *Attachment and Loss: Volume 2 – Separation, Anxiety and Anger*, Hogarth Press, London.
Bowlby J, 1988, *A Secure Base: Clinical Applications of Attachment Theory*, Routledge, London.
Carroll L, 1953, Letter of 21 May in *The Diaries of Lewis Carroll* (ed RL Green), Volume One, London.
Carroll L, 1994, *Alice's Adventures in Wonderland*, Puffin, Harmondsworth, (Originally published 1865).
Clarkson P, 1988, 'Ego State Dilemmas of Abused Children', *Transactional Analysis Journal* 18(2), pp85–93.
Clarkson P, 1989, *Gestalt Counselling in Action*, Sage, London.
Clarkson P, 1994, *The Achilles Syndrome: Overcoming the Secret Fear of Failure*, Element, Shaftesbury.
Cook D, 1991, *Second Best*, Faber & Faber, London.
Costello D, 1994, Personal communication.
Ehrenzweig A, 1971, *The Hidden Order of Art: A Study in the Psychology of Artistic Imagination,* University of California Press, Berkeley/Los Angeles.
Fenichel O, 1990, *The Psychoanalytic Theory of Neurosis*, Routledge, London.

著者紹介

マーゴット・サンダーランド　(Margot Sunderland)

児童治療カウンセラー、スーパーバイザー、トレーナー、心理療法家。英国心理治療カウンセラー協会（UKAPC：UKEAPC の前身）で児童・青少年部門の委員長を、また IATE（統合児童心理療法および芸術心理療法の修士課程を有す高等教育大学として認可のある、治療や教育のための芸術学校）の学校長を務める。現在は、ロンドンの子どものメンタルヘルスセンター（CCMH）代表。困っている子どもを助けるプロジェクト〈Helping where it Hurts〉を提唱したことでも知られる（ノースロンドンの小学校では、問題を抱えた子どもたちのために、同プロジェクトによる無料セラピー、カウンセリングなどを著者みずから率先して行なっている）。

著　書

Choreographing the Stage Musical (1990). Routledge Theater Arts, New York and J Garnet Miller, England.

Draw on Your Emotions (2008). Speechmark Publishing, Bicester and Erickson, Italy.

Using Storytelling as a Therapeutic Tool for Children (2000). Speechmark Publishing, Bicester. (BMA〈英国医師会〉医学書コンクール精神保健部門優秀賞受賞)

イラストレーター紹介

ニッキー・アームストロング　(Nicky Armstrong)

スレード美術大学修士号取得。バーミンガム大学時代は舞台美術などを専攻。現在、ロンドンのハムステッド装飾美術学校にてトロンプ・ルイユ（だまし絵）などを教える。壁画に絵画、イラストレーションとその作品の幅は広く、国内外で数多くの仕事を手がける。

監訳者紹介

関口 進一郎（せきぐち しんいちろう）
1971 年生まれ
1995 年　慶應義塾大学医学部卒業
現　在　杏林大学医学部助教（医学教育学）
（専門　小児科学，医学教育）
著訳書　米国小児科学会編『10 代の心と身体のガイドブック』（共監訳）誠信書房 2007，原朋邦・横田俊一郎・関口進一郎編『今日からできる思春期診療』（分担執筆）医学書院 2007，渡辺久子編『小児心身症クリニック』（共著）南山堂 2003

訳者紹介

菊池 由美（きくち ゆみ）
1985 年　京都大学文学部卒業
現　在　翻訳家

「子《こ》どもの心理臨床《しんりりんしょう》」1-1
不安《ふあん》や強迫《きょうはく》観念を抱《いだ》く子《こ》どものために

2011 年 9 月 1 日　第 1 刷発行
2021 年 5 月 15 日　第 2 刷発行

監訳者　関口 進一郎
発行者　柴田 敏樹
印刷者　日岐 浩和

発行者　株式会社 誠信書房
〒112-0012　東京都文京区大塚 3-20-6
電話　03(3946)5666
http://www.seishinshobo.co.jp/

中央印刷　中尾製本　落丁・乱丁本はお取り替えいたします

Printed in Japan
ISBN 978-4-414-41351-9 C1311